今すぐできて、

How to Start “Smart Thinking”
Do it Now for Your Tomorrow

細谷功 Hosoya Isao

地頭力のはじめ方

一生役立つ

大和書房

増補新装版まえがき

本書は『いま、すぐはじめる地頭力《じあたまりょく》』（２００８年刊行）の増補新装版です。同書は、「地頭」という言葉がもともと用いられていたコンサルティング業界のみならず一般のビジネスパーソンの間でも普及するきっかけとなった『地頭力を鍛える』（東洋経済新報社）をさらにビジネスの世界以外の一般の人たちにも役立てられるように事例をさらに身近なものにして読みやすくしたものでした。

増補新装版のタイトルは『今すぐできて、一生役立つ　地頭力のはじめ方』と変更しています。いますぐはじめられるという要素に、その後陳腐化することなく一生ものの考え方であるというメッセージも加えました。

早いものでオリジナル版が発刊されて約15年が過ぎたことになります。この間には、リーマンショック、東日本大震災、スマホに代表されるデジタル革命、そして記憶に新しいコロナ禍にロシア・ウクライナ戦争と、世界や日本を取り巻く環境は激動の時代を迎え、先が読めなくなった現代はＶＵＣＡ（Volatility：変動性、Uncertainty：不確実性、Complexity：複雑性、Ambiguity：曖昧性）の時代と言われています。

つまり、この15年間で世界は激変したと思いきや、幸か不幸か、いま改めて通しで読んでみると、15年前に本書で発信した**「自ら能動的に考える力＝地頭力の重要性が高まっている」というキーメッセージは、ほとんど「そっくりそのまま」いまの時代にも（いやむしろ現在のほうが）通用する**ことを痛感し、改めて本書を装いも新たに刊行することとなりました。

オリジナル版で主張した「インターネット革命、とりわけ検索エンジンの進化は情報収集力をコモディティ化（誰にでもできるようになること）し、差別化ポイントは思考力に移る」というメッセージは、いまから振り返ればその後の物語の単なる序章にすぎなかったのです。

当時はインターネットによる膨大な情報の検索性の進歩を前面に出していましたが、その後デジタル技術はさらに発展し、私たちの日常の「ほとんどすべて」がスマホでできるようになり、ＡＩは将棋や囲碁といった知的ゲームにおいて人間を完全に凌駕《りょうが》し、そしてＷｅｂ３や暗号資産、果てはメタバースという形で私たちの「見えない世界」を従来の何倍にも広げつつあります。**このような世界では目に見える具体の世界だけでなく、目に見えない抽象の世界をいかに扱えるかによって圧倒的な差がつきます。**そんな時代には抽象概念を扱う思考力の重要性は高まる一方なのです。

このような背景から出版される「増補新装版」ですが、あえてオリジナルの記述は極力そのままにし、この「増補新装版まえがき」や、追加した第6章での加筆、及び本文中の注釈によってこの15年間の変化や新しい知見を反映し、さらに巻末の付録となる第7章で全体のキーワードの解説をサマリーとして追加することによる「二層構造」として読者にお届けするという方針としました。その理由は以下の3点によります。

●あえて記述を修正しないことで、15年前もいまも「自ら考える力」というコアのスキルの本質は変わらないことを読者と共有したい。

●「具体レベル」の個別の文章を何ヵ所もつぎはぎ的に変更することによって、もともとの「抽象レベル」でのメッセージがぼやけることを避けたい。

●むしろその「二層構造」（当時の視点と現在の視点）を持ってもらうことで、読者に増補新装版ならではの楽しみを味わってもらいたい。

このような背景はありますが、明らかに改訂が必要な個所については、上記の方法によってあらかじめ読者に「ここは現在とは違うので『翻訳』しながら読み進めてほしい」という注釈の形で明記します。全体俯《ふ》瞰《かん》的に見た場合の、15年前と増補新装版を刊行する現在との本書をめぐる環境や背景における相違は以下の3点です。

●「なぜ地頭力が必要か？」に関しては上記の通り、当時のインターネット（および検索）革命をベースとした様々なデジタル革命が加速度的に加わり、その他の環境要因も含めたＶＵＣＡ

の時代となってむしろその重要性は増していること。

●地頭力の基本構造に関しては、著者自身のその後の著作活動によって若干の変化が出ていること（追加した第6章に詳細を示します）。

●著者自身のキャリアの変化（現場でのクライアントワークを中心としたビジネスコンサルティングから研修や著作活動がメインの活動となり、よりビジネスや社会への全体俯瞰性が上がっていること）。

このような変化がありつつも、先に述べた通り、**本書でもともと述べていることのおそらく9割以上は現在でも全く色あせることなく通用するはずです**（さらに言えば、そもそも15年前に言っていたことだって、２０００年以上も前のギリシア時代のソクラテスやアリストテレスが言っていたことと大差はないのです）。

最後になりますが、15年前の著作に注目して再度増補新装版として出版する機会をいただいた大和書房の出来幸介さんには完成までお世話になりました。またお名前をあげることはできませんが、本書の出版に際してご尽力いただいたすべての方々に改めて感謝申し上げます。

本書を手に取ってくれた読者の皆さんがこれからの時代を生きるうえで参考になるものとなっていれば、著者としてうれしく思います。

２０２２年11月　著者

まえがき――「いま、すぐ」に、世界が変わって見える第一歩を

「地頭力」とは、仕事や人生の問題をスピーディーに解決し、さらには新しいものを創造することができる「考える力」です。

「地頭」という言葉は、私が働くコンサルティング業界では以前から使われていましたが、「地頭力」として一般に広まったのは最近のことです。

一つの目安として、インターネット検索エンジンのグーグル（Google）での「地頭力」という言葉の検索ヒット数は、二〇〇七年四月一三日の時点ではたったの二五件（しかもその約半分は鎌倉時代の「地《じ》頭《とう》」に関連するもの）でした。それが、その一年後の二〇〇八年四月一三日には二四万七〇〇〇件と、約一万倍に増殖しています。[1]

この言葉がここまで一気に浸透した大きな理由の一つは、日本社会全体の「ぼんやりとした危機感」をこの言葉がつかんでいたからではないかと思います。

「いまの若者は地頭力が弱っていると思いますか？」

1　その後これらのキーワード検索数がどうなったかは第6章に記します。

私がこの数ヵ月で何度か聞かれた質問ですが、私はこの質問に対して一貫して「そうは思わない」と答えてきました。問題解決能力や「考える力」は、「昔から変わらず」日本人の弱点であると思っています。現在のほうが「考える力」が不足していると感じるのは、環境の変化によって要求レベルが上がったために、要求レベルと実態とのギャップが大きくなってきているからではないでしょうか。

現に数学者の小平《こだいら》邦彦《くにひこ》さんは著書『怠け数学者の記』（岩波現代文庫）の中で「最近の大学生の学力の低下には目を覆いたくなるものがあります。ここで学力というのは、知識の量ではなく、自分でものを考える力を意味します」と述べています。この原文が書かれた一九八三年は、私が大学に入学した年です。私が「人のことを言えない」のがよくわかると思います。

考える力が必要とされた時代はこれまでにも何度かあり、それはあるサイクルで「変革期」に訪れているのではないかと思います。

しかしながら今回の「変革期」の中身は過去とは決定的に異なり、なおかつ強力です[2]。その背景にあるのがインターネットの検索エンジンです（第2章で詳述）。これによって先述のギャップが大きくなっているのです。

私は前著『地頭力を鍛える』で、**「地頭力の本質は、結論から・全体から・単純に考える力である」**と定義し、その重要性や思考プロセスについて解説しました。当初、中心的な読者として想定していたのは若いコンサルタントやその予備軍ですが、予想をはるかに超える反響があり、幅広い層の読者から、より平易に解説してほしいという要望を数多くいただきました。本書ではそれらを踏まえ、前著での「地頭力」の基本的な定義を押さえた上で、以下の三つの特徴を持たせました。

●「地頭力」の厳密な定義や網羅《もうら》性は重視せず、だれもが実感しやすい平易な説明を心がけ、すぐにでもはじめられる具体的な実践法にポイントを置いた。

●事例をビジネスから、より日常生活に近いところまで広げた。

●「結論から」「全体から」「単純に」という地頭力の根本的な思想を多くの「視覚的イメージ」から伝えることに重点を置いた。

加えて、本書を通じて「考える楽しさ」を伝えることができれば、と思っています。

地頭力は、「他人から頭がよさそうに見えるようになる」ためのものでも「難しい理屈をかざして小賢《こざか》しくなる」ためのものでもありません。ビジネスであれば日常業務を効率化して新し

2　インターネット革命という「今回の変革期」がこの当時破壊的であったのは問違いないですが、いまから振り返れば、それは単なるＶＵＣＡ時代の序章でしかなかったことがわかります。

い発想を生み出す、それ以外でも、たとえば日常のコミュニケーションを改善し、人間関係そのものを向上させるためにも間違いなく役に立つものです。

私が一貫してお伝えしたいのは単なるハウツーではなく、基本的な「ものの考え方」です。新たな思考回路を獲得すると、それまでとは世界が変わって見えます。その結果、すべての行動パターンが変わってきます。小手先《こてさき》ではなく思考回路そのものを変えることで、行動パターンを一気に変えることができるのです。

私自身、生まれつきこうした思考回路を持っていたわけではなく、コンサルティングの仕事をするようになってから初めて体系的に習得したものです。本書では、「世界が変わって見える経験」を私の個人的な経験も交え、より実践的に紹介するようつとめました。

私たちは、よい本を読んだり印象的な講演を聞いたりすると、自分でもやってみようと思うことはよくあるのですが、振り返ってみると、それを実践して定着させている例は驚くほど少ないのではないでしょうか。その原因について、私はこんな仮説を持っています。

「実践できるか、その場で終わるか、その最大の分岐点は〝いま、すぐはじめるかどうか〟である」

本を閉じて置き、「さあ、明日からやろう」と思ったことが完結するケースはまずないでしょう。本を閉じた瞬間から実践する、講演の会場にいるうちに頭を切り換える。成否を決めるのは、「いま、すぐ」はじめるかどうか、ということです。「今度」でも「明日から」でもなく、「いま」はじめる人だけが目的を達成できるのだと思います。

いま、すぐに、世界が変わって見える第一歩を。

細谷《ほそや》　功《いさお》

第3章

心がまえ

「考えはじめる」ために、三つの「意識」を持とう

第4章 実践トレーニング
眠っている地頭力を呼び覚まそう

第5章

力試し

フェルミ推定を解いてみよう

第6章 増補新章 「地頭力」のその後

第7章 付録

地頭力を鍛える10のキーワード

本書は、2008年刊『いま、すぐはじめる地頭力』の増補新装版です。本文中に適宜最新情報を補足した注釈を加えています。「増補新装版まえがき」、第６章「『地頭力』のその後」、第７章「地頭力を鍛える10のキーワード」は書きおろしです。

第1章

ウォーミングアップ

「地頭力」を自己診断してみよう

1 思考停止度チェック

まずは、あなたの「思考停止度」をチェックしてみましょう。

地頭力の最大の敵は、この思考停止です。つまり「考えることをやめている」状態です。

「考える」という行為には、難しい点が二つあると思います。一つ目で、かつ最大のハードルが「考えはじめる」ということです（二つ目は「しつこくあきらめない」です）。

ほとんどの人は、考えることをやめてしまっています。これは、知識が増えるにつれて、それをそのまま使う習慣ができあがってしまうからです。

何にでも「なぜ？」と思っていた子ども時代を思い出して、思考回路を起動させることが何よりも大事です。

地頭力診断Ⅰ　思考停止度チェック

①毎日の行動パターンが決まっている	YES	NO
②上司や先輩に言われたとおりにしている	YES	NO
③この24時間以内に一度も「なぜ?」と思わなかった	YES	NO
④講義や講演を聞いて質問したことがない	YES	NO
⑤クイズや問題集をやるとすぐに答えを見る	YES	NO
⑥「ブランド品」であれば間違いないと思っている	YES	NO
⑦「どれが大事?」と聞かれると「すべて」と答えることが多い	YES	NO
⑧会話中、気がつくと自分ひとりでしゃべっていることがある	YES	NO
⑨自分の経験から判断することが多い	YES	NO
⑩昔話をよくする	YES	NO

診断と解説は44ページ

2 結論から考える「仮説思考力」チェック

次は、「結論から考える」思考力を試してみましょう。

ここでのチェックポイントは、スピードの意識があるか、完璧《かんぺき》主義に陥《おちい》っていないか、情報に頼りすぎていないか、「向こう側から」考えられているか、といったことです。

「向こう側から考える」というのは、私なりの解釈です。仮説思考の本質はここにあると思っています。

現在からでなく将来から考えること、自分からでなく相手の視点から考えること、できることからでなくやるべきことから考えること、手段からでなく目的から考えること。すなわち、自分のいる位置からではなく、自分から離れた向こう側から考えることができれば、仮説思考力が身についているということになります。

地頭力診断2　仮説思考力チェック

①催促されることが多い	YES	NO
②最終着地点を確認せずに会議に臨むことがある	YES	NO
③休日に「暇だ」「することがない」と思うことが多い	YES	NO
④３年後の自分の姿を想像したことがない	YES	NO
⑤言うことがコロコロ変わる人がいて困っている	YES	NO
⑥何度言ってもわからない人がいて困っている	YES	NO
⑦「道具（カタチ）から入る」タイプである	YES	NO
⑧つねに完璧をねらうが完成（実現）しないことも多い	YES	NO
⑨「この状態では人に見せられない」と考えることが多い	YES	NO
⑩十分な情報がない場合は結論を出さない	YES	NO

診断と解説は86ページ

3 全体から考える「フレームワーク思考力」チェック

今度は、「全体から考える」思考力です。

私なりに定義すると、フレームワーク思考には、①全体を俯瞰する、②俯瞰した全体像を適切に分類・分解する、という大きく二つのステップがあります。

世の中、ことにビジネスの世界で使われるときの「フレームワーク」は、②を中心に語られることが多いのですが、私はこの考え方の本質は①にあると思っています。それは、問題解決をしたり、コミュニケーションをとるときには、「話の外枠を押さえる」ことで、コミュニケーション時の誤解を防いだり、自分の思考のクセをチェックできるからです。

まず自分の思考のクセを自覚し、それをなるべく少なくして考えることがフレームワーク思考の本質です。あなたは、自分の思考のクセをどれだけ認識しているでしょうか。

地頭力診断3　フレームワーク思考力チェック

①思いついたことからはじめる	YES	NO
②追加の指示（注文）がきて困ることが多い	YES	NO
③思いこみが強いほうである	YES	NO
④想定外のことがよく起こる	YES	NO
⑤地図を描くのが苦手である	YES	NO
⑥「いまの若者は～」と思うことがよくある	YES	NO
⑦年長者の説教にうんざりしている	YES	NO
⑧リストアップが終わってから分類方法を考える	YES	NO
⑨気づくと、似たような資料（道具）を作って（買って）いる	YES	NO
⑩ものを整理・分類すると「その他」に入れるものが多い	YES	NO

診断と解説は123ページ

4 単純に考える「抽象化思考力」チェック

最後が、「単純に考える」思考力です。

「単純に考える」というのは、本質的に重要な部分と「枝葉」の部分を見分けて重要な部分だけを語れるということです。人間はある事柄について知れば知るほど、経験すればするほど、本当に重要なこととそうでないことの区別がつかなくなってきます。

本人にとっては重要だと思えることが、客観的な他者には瑣末《さまつ》に見えたりします。具体的な知識や経験も重要ですが、そこばかりにとらわれると、一切「応用が利かない」人になってしまうのです。

じつは世の中を動かしている基本原理・原則は、ごくごく少数であったりします。人類の長い歴史の中で蓄積されてきた膨大な経験から生まれた知見《ちけん》を生かさない手はないでしょう。

あなたには、どこまで「他者から学べる」姿勢があるでしょうか。

地頭力診断4　抽象化思考力チェック

①「具体例」が示されないと理解できないことが多い	YES	NO
②事情が異なる人の成功談は自分には適用できないと思う	YES	NO
③自分のいる環境（業界）は特殊だと思う	YES	NO
④「教科書的な話」は何の役にも立たないと思う	YES	NO
⑤難しい言葉を使って話すのが好きである	YES	NO
⑥好き嫌いがはっきりしている	YES	NO
⑦「おやじギャグ」が得意である	YES	NO
⑧数字や方程式に拒絶反応がある	YES	NO
⑨自分が見聞きしたものでなければ信用できない	YES	NO
⑩例外を許すことができない	YES	NO

診断と解説は171ページ

第2章

大前提

「地頭力のある人」と「ない人」の違いを考えてみよう

1

地頭力は、知識力や論理思考力とどう違うのか

「単なる物知り」が役に立たない時代

ビジネスや日常生活に必要な人間の知的能力、言い換えると「頭のよさ」は三つに分けられると考えられます。第一が「知識・記憶力」、第二が「対人感性力」、そして三番目が考える力としての「地頭力」です（図1）。

第一の知識・記憶力ですが、知識や経験が豊富であるということは何事にも有利です。ビジネスでいう「専門家」、日常生活でいう「物知り」というのがこの能力にすぐれた人たちです。

二番目が「対人感性力」です。人の気持ちを理解する力、場の空気を読む力といった「理屈では説明のできない頭のよさ」といってもよいでしょう。とくに対人折衝が必要な営業マンや多数の部下を統率するリーダーなどに必要とされる能力ですが、時代や職業を問わずに何をやるにも非常に重要な能力といえるでしょう。

そして三番目が「考える力」としての「地頭力」です。伝統的に日本の教育は知識の詰めこみ

図1　「頭がいい」は3種類

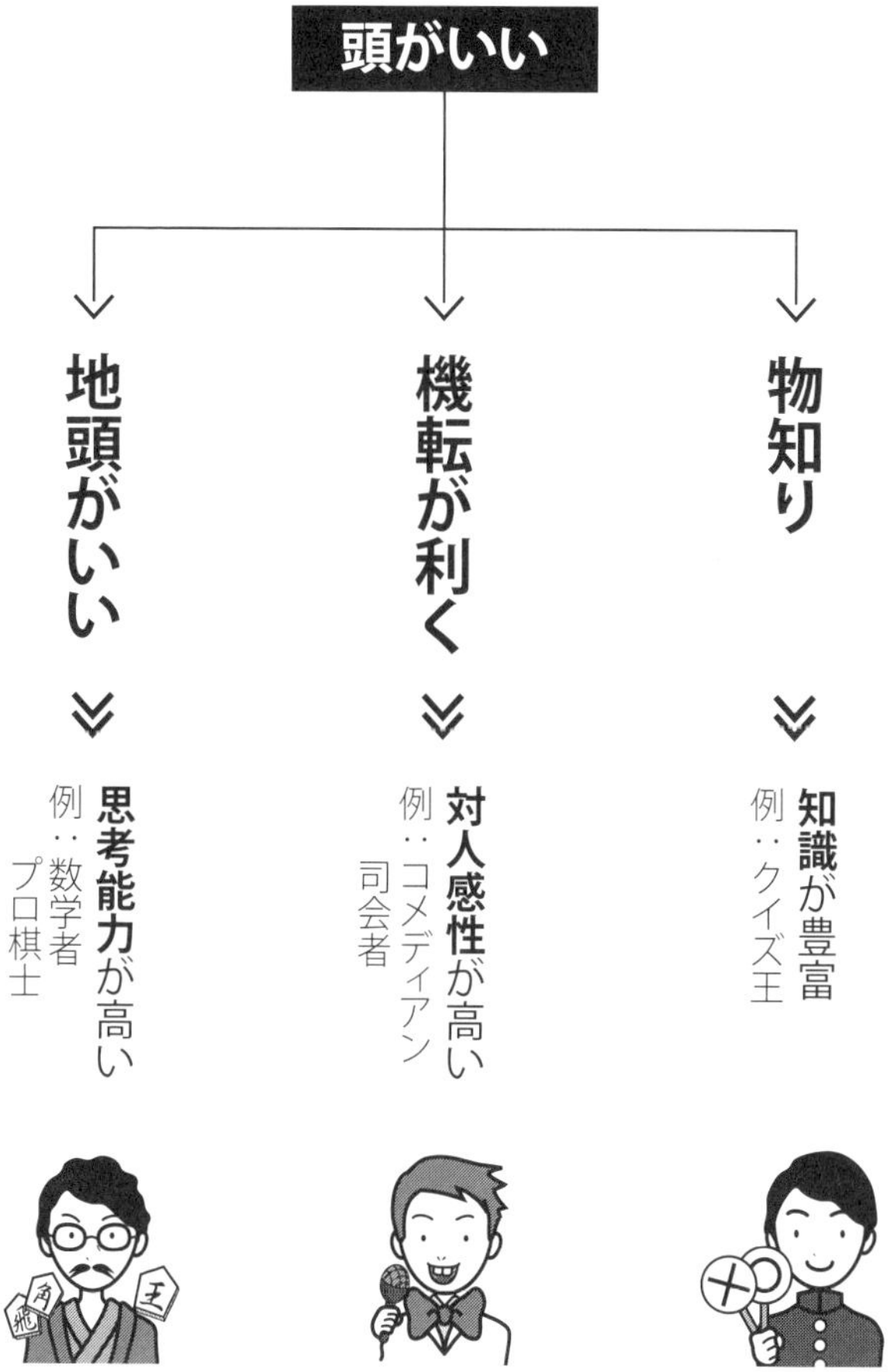
頭がいい
地頭がいい
思考能力が高い
例：数学者
プロ棋士
機転が利く
対人感性が高い
例：コメディアン
司会者
物知り
知識が豊富
例：クイズ王

を重視しているといわれてきましたが、これによって養われてきたのは第一の知識・記憶力です。しかし、知識の陳腐化が激しくなり、言葉を入力して「検索」ボタンをクリックするだけで、関連情報の一覧が瞬時にパソコンのモニターにあらわれるグーグルなど検索エンジンの発達・普及、またグローバル化や規制緩和のさらなる進展によって「ローカルルール」が減少していくことを考えると、差別化のポイントは、「情報・知識そのものをたくさん持っているか」ではなくなり、「簡単に入手できる情報・知識に、自分の頭を使っていかに付加価値をつけられるか」といったことにシフトしていくことになるでしょう。[3] ここで重要になってくるのが「地頭力」なのです。

この「三つの頭のよさ」の構図は、さまざまな職業にあてはめることができます。たとえば営業マンを考えてみましょう。売れる営業マンには、この三種類のタイプがいるのではないでしょうか（実際には、三者択一ではなく個人ごとに三つの能力が違った割合で組み合わさっています）。「知識力」タイプは商品知識が豊富な営業マン、「対人感性力」タイプはお客様に人間的に好かれたり、飲食接待やゴルフで仕事を取ってくる営業マンです。では「地頭力」タイプはどんな営業マンかというと、問題解決（ソリューション）型、あるいはコンサルティング営業と呼ばれるスタイルを取っているタイプで、近年、最もニーズが高い営業マンがこのタイプです。

インターネットの普及によってお客様の側の商品知識力が上がり、下手をすれば競合製品の情報はお客様のほうが知っていたりする場合だってあるでしょう。そんなときに役に立つのはニーズをしっかりと聞き出してソリューション（業務上の諸問題を解決する方法）を設計する問題解決力になってくるのではないでしょうか。

「インターネットの受け売り」にならないために

人間が行っている知的活動は広い意味での「問題解決」と呼ぶことができます。「問題解決」というのは、難しい数学の問題を解いたり、業務上の諸問題を解決することだけではありません。「どの冷蔵庫を買おうか」とか、「どんな料理を作ろうか」とか、「どこに旅行に行こうか」とか、「パーティーにだれを呼ぼうか」など、なんらかの意思決定をする、あるいは新しい成果を生み出すといった行為はすべて広い意味で「問題解決」です。

ここで、前項で説明した「三つの知的能力」が問題解決のどのプロセスで関係するのかを単純にモデル化してみました。

図2を見てください。問題解決は、大きく三つの段階に分けられます。

第一が、情報収集です。最近では「インターネットから」というのがいちばん大きいかもしれませんが、もちろんこれはすでに自分の頭の中にあることであってもいいし、書籍や雑誌で

3　いまではこれらに加えてＡＩの発展というさらに強力な要因が加わっています。ＡＩによる検索は最強で、中途半端な知識を断片的に持っていることはほとんど役に立たなくなるでしょう。

も友人・知人からの情報でもよいわけです。

第二が、集めた情報を加工して新たな情報や知識を生み出す行為です。狭い意味での問題解決はこの部分をさします。集めただけの情報をそのまま使えることもあるでしょうが、ここで分類・分析するなど、なんらかの「付加価値」をつけることが非常に重要となります。

最後のステップがこれを「伝える」という行為です。生み出した成果を自分だけで使う分には必要ありませんが、たいていの場合には他人に伝えることによって活用していく場合が多いでしょう。

たとえばパソコンを購入する場合、まずは①インターネットや本で情報を収集し、それらをもとにして、②どのパソコンがよいかを比較検討し、③電器店の店員に要望を伝える、といった具合です。

図2の下の図では、これらのステップを通じて成果物のレベルがどう変わっていくかを示しました。インターネット革命以前は、図中①のレベルが最終成果のレベルを決めていました。それは必要な情報にアクセスすることが容易ではなかったために、この行為そのものが価値を持っていたからです。そこでものをいったのが、おもに知識・記憶力です。知識が豊富であれば、情報収集そのものが必要ないかもしれないし、さらに情報を集めるにしても、もともとの知識が役に立ちます。

ところがインターネットや検索エンジンによって、すべての人の①のレベルが押しなべて高

図2 「問題解決」と知的能力の関係

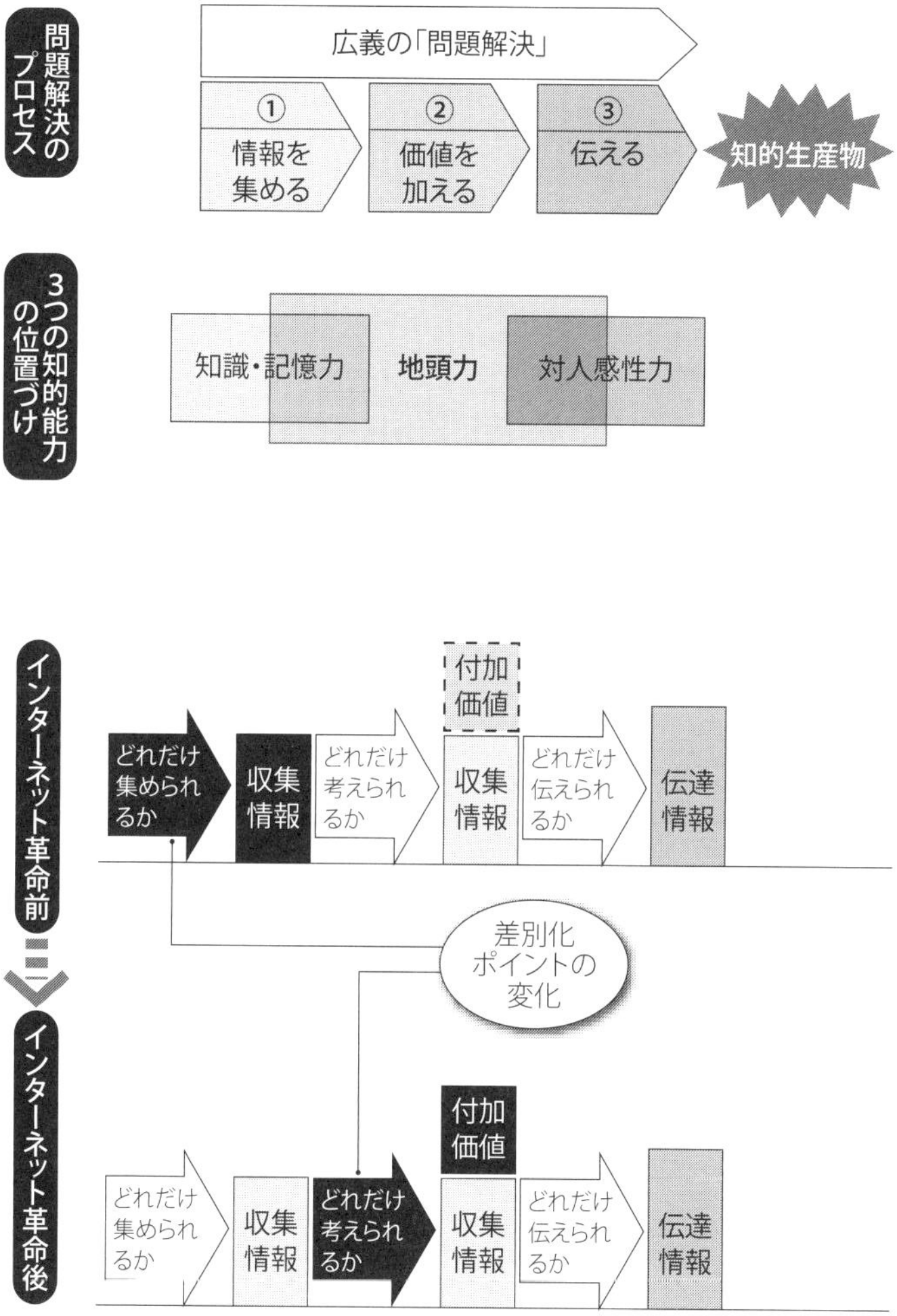

くなり、差がつかなくなってきました。

①で差がついた時代では、「特定の情報にアクセスできること」あるいはその結果として「特定の情報を持っていること」そのものに価値がありましたから、②の付加価値をつけるステップがなくても他者に対して差をつけることができました。ところがインターネット、とりわけ検索エンジンがこの構図をぶち破ってしまいました。情報へのアクセスはだれでも簡単かつ瞬時にできるようになりました。「物知り」の代名詞のウォーキング・ディクショナリー（Walking Dictionary）という言葉はもはや死語といってもいいでしょう。私たちのポケットの中で何億台もの「辞書」が世界中で「歩き回って」いるからです。

もちろん、依然として専門家や「情報通」にしかアクセスできない情報も存在しますが、量的な割合からいったら大多数の部分は「インターネットでだれでも入手可能」になってきています。

こうした時代にあって、自らの存在価値を出そうと思ったら自分の頭を使って考えて「自分なりの」ユニークな視点を提供していなければ、「インターネットの受け売り」しかできなくなってしまうでしょう。そこで出番となるのが「地頭力」であり、情報に付加価値をつける第二ステップ（図2中②→③）においてなのです。

一〇年以上前、インターネットが普及しはじめたとき、「デジタルデバイド」（ITを使える人と使えない人のあいだに生じるさまざまな格差）が起こるといわれました。パソコンが使える人、あるいは買える人だけがデジタル時代に生き残れるということですが、これは実際には大きく顕在化しませんでした。インターネットの普及後に最も必要になったのは、「情報量」ではなかったからです。[4]

「知識力」と「地頭力」は車の両輪

私があえて「地頭力」という言葉を用いているのには理由があります。それは前項で示した問題解決プロセスの中での「知識・記憶力」の部分とそれを除いた「純粋な考える力」を分離したかったからです。「考える力」でもいいのですが、考えるというのはあまりに言葉が一般的すぎます。また、「知識」「情報を集める力」「記憶力」とは異なる知的能力であることをより明確にするために「地頭力」という言葉を用いたのです。

知識・情報と地頭力との関係は、図3に示すように、土壌と作物の関係にたとえることができます。

「知識力」と「地頭力」は車の両輪のようなもので、片方だけで存在するという状況はあまりあ

4 当初いわれていたデバイスの有無によるデジタルデバイドは「スマホの民主化」によってそれほどの二極化とはなりませんでしたが、個人も会社もDX（デジタルトランスフォーメーション）を使いこなしているかどうかという点での二極化は起こっているかもしれません。貧富の差の拡大等、別の意味での社会の二極化もデジタルへの適応度と相関はある可能性もあります。

りません。知識をインプットして地頭力で付加価値をつけて、新しい知識を生み出していくというのが知的活動のステップです。いかに現在ある知識や情報を生かして新たな知識を生み出せるか、というところに地頭力が必要になってくるわけです。知的活動で、実となって表面に出てくるのはつねに知識や情報ですが、それらの味（質）を決めるのは土壌の力です。

　この意味において、知識・情報と地頭力との関連は、料理における食材（知識・情報）と料理の腕（地頭力）、コンピュータにおけるデータ（知識・情報）と演算装置（地頭力）との関係と同じといってもよいでしょう。これらのバランスは状況によって変化しますが、とくに「長年の経験がものをいう業界」よりも「変化が激しく前例の通用しにくい業界」、「規制に守られた業界」よりも「規制緩和の進んだ業界」、「国内中心の業界」よりも「グローバル化の進んだ業界」が相対的に地頭力の重要性が高い傾向にあると思います。

　コンサルティングの世界ではよく「キャッチアップが速い／遅い」という言い方をします。プロジェクトに応じて場合によっては数ヵ月単位で新しい業界やクライアントの仕事をしなければならないコンサルタントにとって、新しい分野での知識を急速に吸収して適応していくことを「キャッチアップ」といい、この速さがコンサルタントとしての能力の重要な要素となります。このために必要な最大の能力が地頭力です。

　こうした適応力というのは、何もコンサルティングの世界だけではなく、環境変化が速く人材が流動化している現代にあっては、どんな業界においても、あるいはビジネス以外の現場に

図3　時代は知識力から地頭力へ!

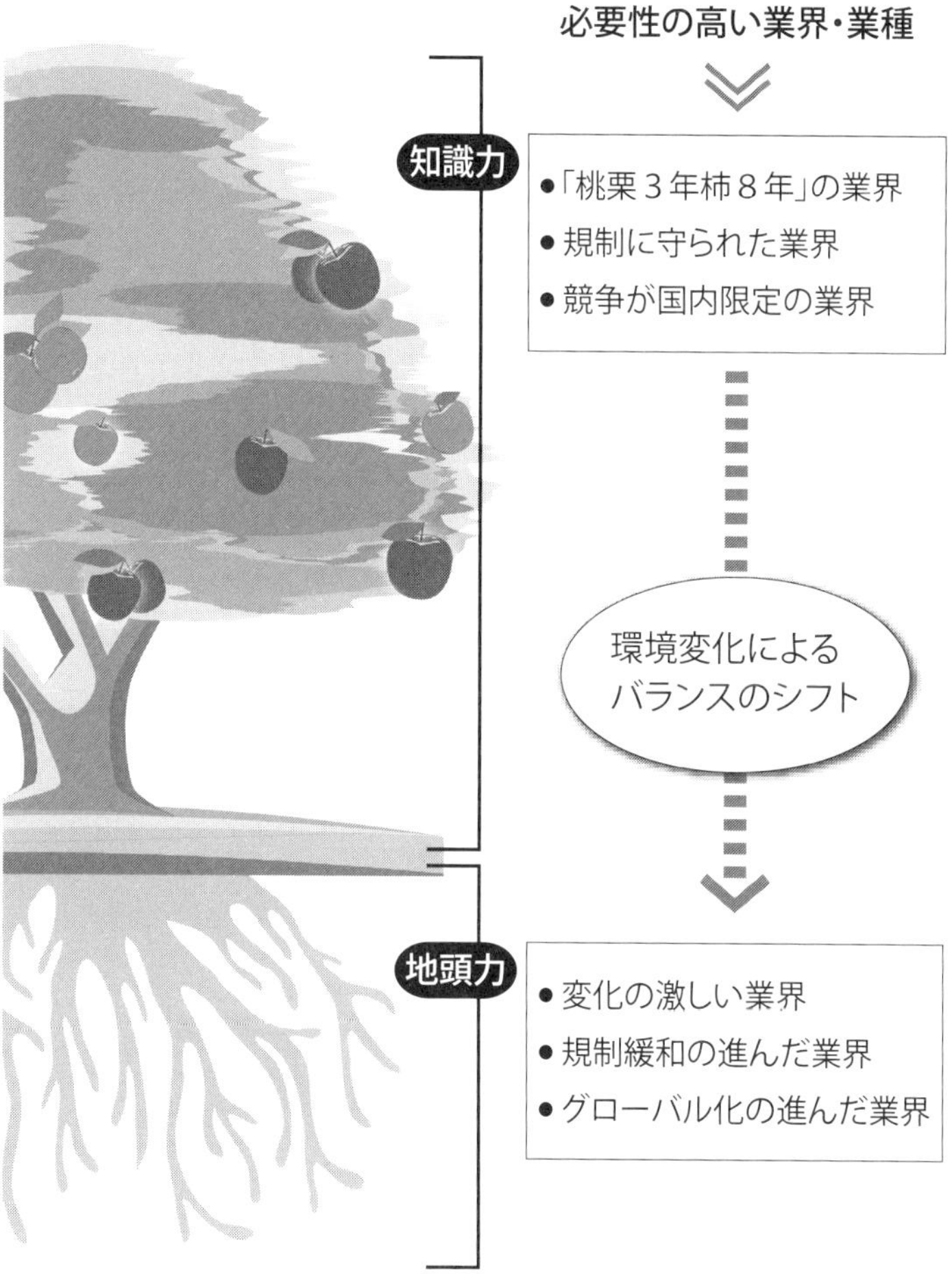

おいても重要な能力といえます。

知識は持っているだけでは意味がない

知的活動の中での重要なポイントが知識・情報であることはいうまでもありません。ただし、考える力としての地頭力が重要になるに伴って、知識は目的というよりも手段としての色合いが濃くなってきます。

ひと昔前までは、知識を囲いこんで溜《た》めておくことに意味がありました。だれも持っていない知識や情報を持っていれば、それだけで仕事になったからです。ところが、何度も繰り返しているように、インターネットがこの構図を変えてしまいました。[5] 知識を囲いこんだり溜めこんだりするにも限界があります。一度外に出た知識はあっという間にインターネットで共有されます。

そうなってくると、他と差別化するためには、流れている知識に自分なりの付加価値をつけて、またすぐに関係者に流していくということの重要性が高くなっていきます。つまり、知識の位置づけとして、「ストック」（貯蔵）ではなく、「フロー」（流動）の側面がより強くなっていくのです。

論理思考だけでは新しい発想は生まれない

ここまで定義してきた、「考える力」のベースとしての地頭力の構成要素を、私は図4のような三層構造であると定義しています。

三層構造の構成要素を簡単に説明しておきましょう。

まず最もベースとなるのが、「知的好奇心」です。「考える」という行為の最も基本、かつ起動回路となるのがこの知的好奇心です。知的好奇心とは、日常的に触れる何気ない物事にも「ひっかかり」を持ち、何事に対しても一度は疑ってみることだと思います。そうすることによって思考が起動する（考えはじめる）のです。

その上位層が「論理思考力」と「直観力」です。「ロジカルシンキング」という言葉が普及して、ロジカルシンキングですべての問題が解決するのではないかという誤解があり、かつロジカルシンキングという言葉ですべての思考力が代表されているような使われ方をすることがあります。しかしながらロジカルシンキングは、文字どおり「論理思考」です。

「論理的に考える」とは、どういうことでしょうか。それは、

「物事をだれにでも通じるようなルールで一貫して筋道を立てて考える」

ということです。つまり、

5　「インターネットネイティブ」の人には、もはや「ネット前」を想像することも難しいかもしれません。

「当たり前のことを愚直に当たり前に表現し、伝達する」というのが論理思考であり、ここからは直接的に新しい発想や独自の視点が生まれてくるわけではありません。

それを補うのが第二層目でペアになっている「直観力」です。直観力は「守り」の論理思考力に対して、いわば「攻め」の部分であり、「ひらめき」などもここに含まれ、個人の経験や資質によって決定されるものといえます。

以上三つの要素が地頭力のベースとなるものです。

最上層が、「仮説思考力」「フレームワーク思考力」「抽象化思考力」の三つの思考力です。ひとことで表現すると、仮説思考とは「結論から」考える思考のこと、フレームワーク思考とは「全体から」考える思考のこと、抽象化思考とは「単純に」考える思考のことです。

ベースと三つの思考力は、パソコンのＯＳとアプリケーションソフトの関係のようなものです。これらはつねにセットで機能します。

本書では、最上位層の三つの思考力である「結論から」「全体から」「単純に」考えることを中心に、具体例を用いながら解説していきます。これらの三つの思考力は、ベースに比べてトレーニングが容易で、直接的にビジネスや日常生活で役立てることができます。

図4 地頭力に必要な6つの力

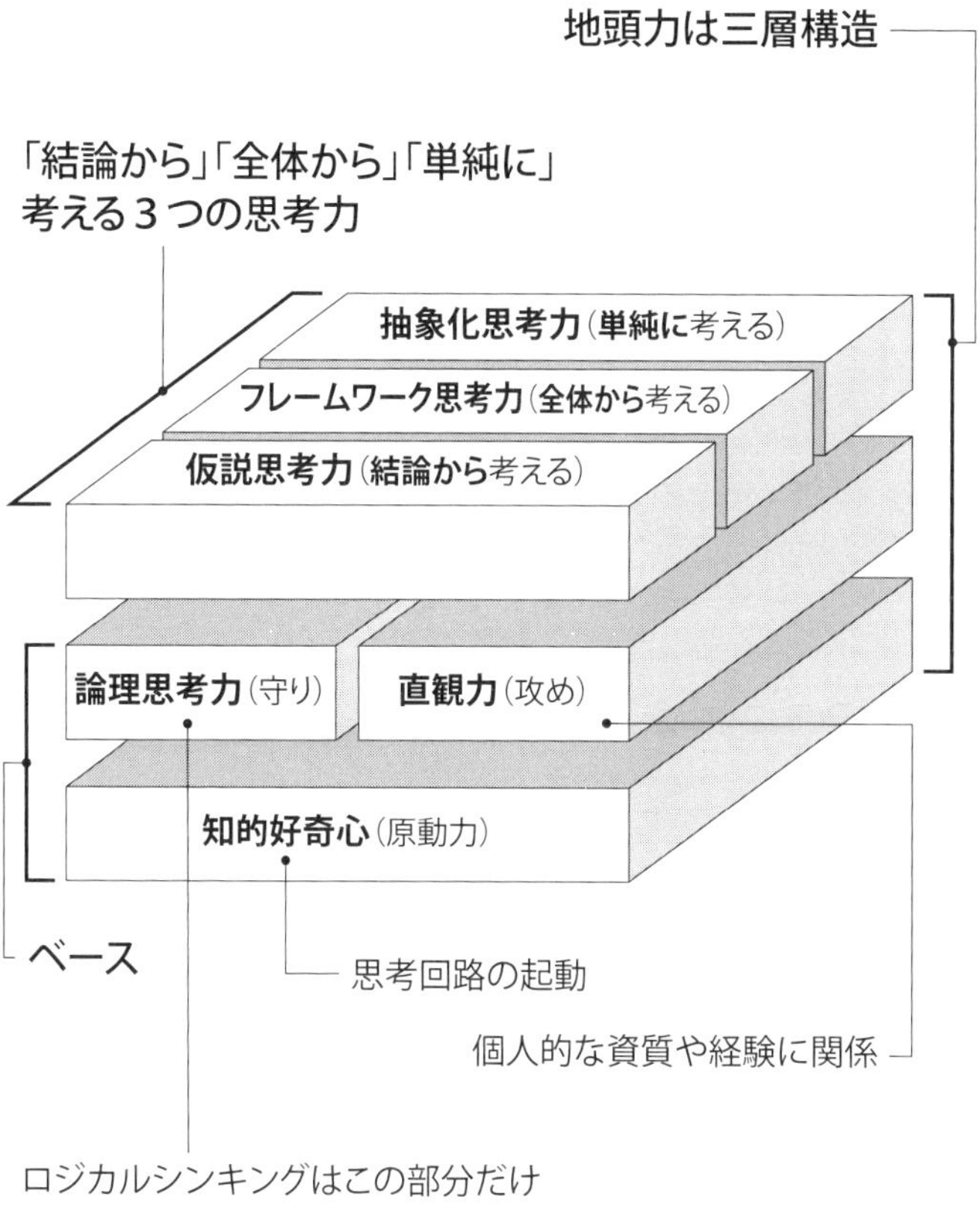

2 地頭力の別名は「自頭力」

思考停止度チェックの解説

地頭力でいちばん重要なのは、自分の頭を使って考えるということです。つまり地頭力は別名「自頭力《じあたまりょく》」ともいうことができるでしょう。そして、地頭力がまったく発揮されていない状態が「思考停止」です。

「考える」という行為には、そのインプットとなる知識や情報があります。思考停止という状態は、このインプットされた知識や情報をそのまま何の付加価値も与えられぬままに「右から左へ」アウトプットしてしまう状態です。つまり、知識力のある人でも「知識・情報の受け売り」をしているだけならば、思考停止状態といえるのです。

21ページの自己診断表を見てください。チェックの結果、ＹＥＳの数はどれくらいあったでしょうか。これらのチェック項目はいずれも、ＹＥＳが「思考停止」状態です。つまり、多ければ多いほど、思考停止度が高いということになります。

- ●YESが三個以下……思考回路フル稼働中
- ●YESが四〜七個……思考停止注意
- ●YESが八個以上……思考停止寸前

では、ひとつひとつの項目を見ていきましょう。

「とりあえずビール」は思考停止の第一歩？

①毎日の行動パターンが決まっている

たとえば、

- ●毎日乗る電車が車両まで決まっている
- ●カラオケではいつも同じ歌を歌う
- ●「とりあえずビール」を注文する
- ●「行きつけの店」で「いつもの……」と注文する

など、人は行動パターンを決めるのが好きです。これはなぜなのでしょうか？　ひとことでいえば、「そのほうが楽だから」です。もちろん、つねに「頭のエンジンをフル回転させておく」のは精神衛生上もよくないでしょうし、ときには「アイドリング」も必要でしょう。しかし、一定の行動パターンのみに従うことは思考停止への第一歩になります。

人は新しいものを見たときに好奇心を働かせ、これによって頭のエンジンが点火されます。

子どもと大人の違いを見れば明らかでしょう。子どもは「知っていること」よりも「知らないこと」のほうが圧倒的に多い。だからいちいち「これ何？」とか、「これどうして？」という疑問がわいてくるのです。「分別《ふんべつ》のついた」大人というのは無意識のうちにすでにある知識に依存して、すべてを「そういうもの」と思ってしまっています。ここから脱しなければ、新しい発想や「よりよくしよう」という発想は決して生まれてはこない、つまり進歩がなくなってしまうのです。

②上司や先輩に言われたとおりにしている

上司や目上の人を敬うことはとても重要なことです。しかし、経験豊富な上司や先輩でもいつも正しいことを言うとはかぎりません。または目下であり、若いあなたのほうが最新情報に詳しかったりすることもあるでしょう。あるいは、同じ目的を果たすためには、もっといい方法があるかもしれません。そうした場合に、あなたはどういう反応をしているでしょうか。ここでも「いちばん楽な」やり方は、「言われたとおりにする」ことです。そうすれば、たとえ目的を達することができなくても、それはあなたのせいにはならないからです。

「なぜ？」は思考起動の合言葉

③この24時間以内に一度も「なぜ？」と思わなかった

地頭力にいちばん関係が深い言葉をあげるとすれば、「なぜ？」（Ｗｈｙ）でしょう。

「なぜ？」という問いかけがどうして大事なのでしょうか？　それは「考える」という行為の回路を起動するための「ヒラケゴマ」のような合言葉であるからです。思考はすべて、この「なぜ？」からはじまると言ってもいいでしょう。物事を表面だけでなく本質から考えること、すべての事象の背景にある原因をさぐること、これらを問うための言葉がすべて「なぜ？」なのです。

日常生活のあらゆることを当然のことと考えずに理由や原因を問うてみること、これがない状態は思考停止の状態です。逆に言えば、日常生活のありとあらゆるものに対して「なぜ？」と問いかけてみること、これが地頭力のトレーニングのスタートになります。

④講義や講演を聞いて質問したことがない

これまでの日本の教育というのは、「教科書に書いてあることや先生に言われたことを素直に聞いて暗記する」ことをよしとし、やたらに質問する生徒というのは異端視されてきたのではないでしょうか。

もちろん、最低限のことをそのまま「丸暗記」することは知識の習得になくてはならない要素でしょう。ところが、そればかりでは「考える」という行為を放棄することになります。考える習慣があれば、人の話を三〇分聞いて何も質問がないというのはあり得ない状態です。

⑤クイズや問題集をやるとすぐに答えを見る

「自分の頭で考える」

これは簡単なようで習慣づけするのは難しいものです。たとえばテレビのクイズ番組を見ていたり、あるいはクイズの本を読んでいたり、問題集の問題を解いていたりする場面において、すぐにあきらめて答えを見てしまうこともまた、考えることの放棄です。インターネットの検索で何でも簡単に「答え」が手に入ってしまう時代だからこそ、安易に答えを見ないで自分で考えてみることを習慣づけることが重要になってきています。

「考える」ことは「天《あま》の邪《じゃ》鬼《く》になる」こと

⑥「ブランド品」であれば間違いないと思っている

自動車やアクセサリー、革製品や洋服といったものに見られる高級ブランド。これらの製品は長期にわたって高品質が認められ、特別なステータスを有する者のみに与えられるものとされていますから、これらを身につけるのはある種、気持ちのよさを伴うかもしれません。

でも、ちょっと待ってください。本当にそのブランド品の品質のよさを理解して購入しているのでしょうか。「高級ブランドを身につけておけば間違いない」「世の中の人がみんないいと言っているものなら安心」ということで、自分の目で本当によいものを選び出すことをやめていないでしょうか。

「考える」ということはある意味で「天の邪鬼」になることです。「他の人がいいと言っているから」と安易に従ってしまう時点で「思考停止」状態といえます。

⑦「どれが大事？」と聞かれると「すべて」と答えることが多い

「どれがいちばん大事ですか？」「すべて」
「何がいちばんの課題ですか？」「すべて」

ありがちな質疑応答です。「すべて大事」と答えることの何が問題なのでしょうか。「考える」という行為の重要な要素の一つに「全体像や最終目的を見てその中での個々の要素の優先順位を決定する」ということがあります。「すべて大事」というのは、この優先順位づけを放棄している行為です。「戦略的思考」という言葉がありますが、「戦略的に考える」というのは「何を捨てるか」を考えることともいえます。つまり、優先順位をつけて本当に重要なものに時間や労力を集中させることが重要なのです。

⑧会話中、気がつくと自分ひとりでしゃべっていることがある

人間はだれしも自分を中心に物事を考えます。これは避けられるものではありません。しかし、「考える」という行為のためには、このことを十分に自己認識しておく必要があるのです。

その一つの目安がこの質問の答えになります。

自己中心的な視点が強くなってくると、他人の話に耳を傾けなくなります。また自分の話が他人にどう聞こえているかというのはお構いなしで、とにかく自分の話したいことを話す傾向が出てきます。これは立派な「思考停止」の兆候です。なぜなら「考える」ことの一つの大きな障害となる「思いこみ」の強い状態になっているからです。考える力としての地頭力を鍛える

ためには思いこみの状態を認識することが重要で、そのためには時に応じて自分を客観的に見ることが必須条件となります。

知識・経験が思考を停止させる!?

⑨自分の経験から判断することが多い

「経験」というのは人生において最も重要なものの一つでしょう。私たちの個性は自分たちの経験の積み重ねからできています。また経験の最たるものである「失敗」は、私たちが学ぶ上での最良の教科書ともなります。

ただし、積み重ねた経験の「使い方」が人によって異なります。成功にせよ失敗にせよ、自分の経験を「そのまま」いま起きていることに適用しようとする人がいます。いわゆる「成功体験に固執する」タイプ、「それ、前にやってうまくいかなかったよ」と失敗体験を口にするタイプの人です。

この姿勢の問題は、以前に経験して身につけた自分の知識が違う環境でそのまま使えると信じていることです。これはある意味で知識への過度の依存という「思考停止」の状態です。「考える」という行為の重要な要素の一つに、「物事の本質的な特徴を捉《とら》える」ということがあります。知識を額面どおりに解釈するのではなく、それが以前に使われた環境を冷静に分析して現在の環境にあてはめて、「ここはそのまま使える」「ここは以前に失敗したので現在の環境ではここを改善すればうまくいくようになる」というように見極めることによって、貴重な経験が生かせるようになるのです。

⑩昔話をよくする

人間は年齢とともにさまざまな経験をし、それに合わせて人間性も豊かになっていきます。その半面で、積み重ねた経験を頼りに生きていくようになります。それはそれで悪いことではないのですが、経験が豊かになればなるほど、その経験に依存する傾向が強くなります。「昔話が多くなる」というのはその典型的なあらわれです。

過去の経験を未来に生かそうというよりは、経験そのものに依存するこの状態も「思考停止」の典型的な症状です。精神の老化現象といってもよいでしょう。

以上、各項目を見ていただければわかるように、じつは思考を停止させていたほうが、人生を「楽に生きる」ことができます。しかし、本書を手にした読者は、まったく別の見方で人生を考えているものと推察できます。「まえがき」でも書きましたが、眠っている思考力を呼び覚ますことで、それまでとは違った世界が見えてきます。

それによって、これまで解決の糸口すら見つけることができなかった問題の本質が見えてきます。仕事にかぎらず、人生は「問題解決」という行為の連続であり、それを支えるのが地頭力です。そして、思考回路を起動させること、そのことが地頭力を呼び覚ます第一歩です。

図5　地頭力は学習可能！

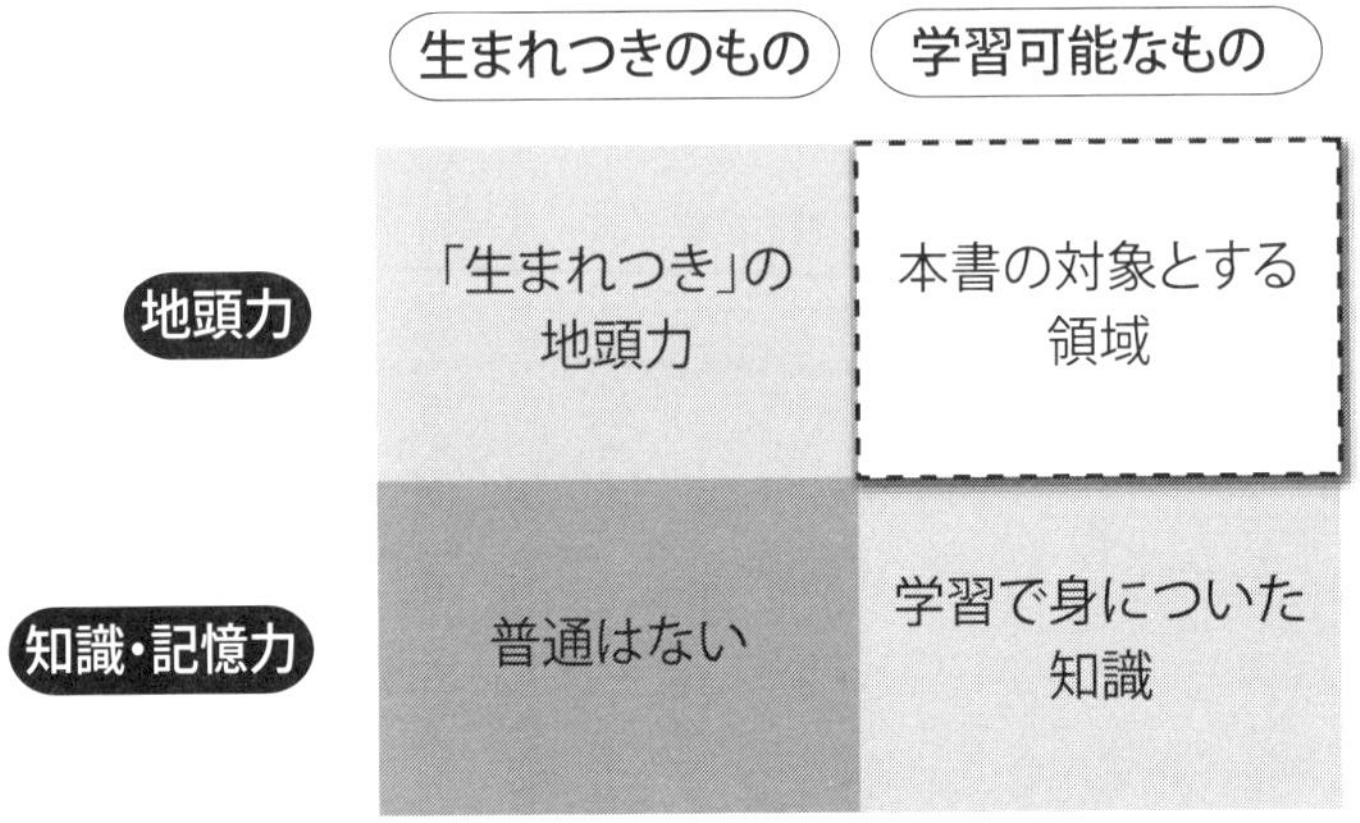

地頭力は生まれつきのもの？

地頭力の話をすると必ず出てくるのが、「地頭力とは生まれつきのもので、鍛えることなどできないのではないか」という質問です。「地頭は生まれつきのもの、知識は生まれてから学習可能なもの」という一元的な考え方がありますが、私の視点は少し違います。

図5を見てください。この図は、縦軸が地頭力と知識・記憶力の相違、横軸が「生まれつきのもの」と「学習可能なもの」を示しています。

三〇代なら三〇代なりの、四〇代なら四〇代なりの地頭力の鍛え方があります。「大人になってからでも遅くない」ということです。本書はむしろ「大人が地頭力を鍛える」ためのものです。そして状況によってはむしろ、

「年を食っている」ことが有利になる場合もあります（67ページ参照）。

6　要はこれは「言葉の定義」の問題です。「地頭力」という言葉を生まれつき持っている能力という定義にすれば、当然「鍛えることは不可能」ということになります。ただし本書における地頭力の定義は本書でここまで示した通りですので、「この定義に従えば」という条件付きでこの記述は解釈して下さい。

3 地頭力のある人は「離れる」のが得意

地頭力は日々の問題を解決する力

地頭力とは、前述したように、「結論から」「全体から」「単純に」考える能力です。これはコンサルティングという問題解決活動を日々実施していく中で必要な「考える」ということの基本要素を私なりに整理して生まれた結論です。もちろん、「考える」という行為には他の要素もたくさんありますが、「基本動作」としてこれら三つの思考力が非常に重要であると考えています。

「問題解決」というと特別なことのように聞こえるかもしれませんが、先述したように（33ページ）、私たちの日常はすべて「問題解決」の連続です。人生は、仕事にかぎらず、問題解決の積み重ねであるといってもよいでしょう。そして問題解決に必要なのが、「結論から」「全体から」「単純に」考えること、それらを可能にする能力が地頭力なのです。

地頭力を使った問題解決の手順をまとめると、次のようになります。

①まず、解決したい課題の結論を想定して課題解決に取り組む（結論から考える＝仮説思考）。
②次に、課題の全体像を捉えて（全体俯瞰）、複雑な課題対象を特性別に分類した後に一つずつ取り組める程度の難易度に分解し、さらにそれらの中からいちばん重要度や難易度が高いところから着手していく（全体から考える＝フレームワーク思考）。
③そうやってかみ砕《くだ》いた対象を一般化・抽象化・単純化して問題を解いていく（単純に考える＝抽象化思考）。

たとえば「試験勉強」という問題解決を考えてみましょう。最も効率的に試験に合格するにはどうすればよいでしょうか。

まずは、「結論から考える」。

要は、当日の試験で合格点をとればよいわけです。そのためには過去の問題を研究して、出題の可能性が高く、配点の高い領域に対策をしぼる計画を立てることが必要になります。

次に、「全体から考える」。

やりやすいところから準備するのではなくて、全体の教科を見て優先順位の作戦を立てる、同じ教科でも、当日まず問題を全部見てから難易度と所要時間を見積もって作戦を立てるということです。

最後に「単純に考える」。

過去問の解答を一つ一つ個別に覚えるのではなく、各々の問題に共通している解答のツボを押さえてしまえば、意外に試験のヘソは単純であったりします。

また、試験問題が小論文であった場合などは、まさにこの「結論から」「全体から」「単純に」言いたいことを表現することが、合否を決定することになるでしょう。

「結論から」「全体から」「単純に」考えることは、簡単ではありません。人間には「思考のクセ」(思いこみ)というものがあり、それはこれらとは真逆《まぎゃく》の方向にできているからです。

つまり、意識せずにいると、私たちはついつい「結論から」ではなくそこに至ったプロセスから説明を開始してしまったり、「全体から」ではなく自分の身のまわりのことや直近《ちょっきん》で起きたことから考えてしまう、また例外的なことにこだわってしまい、物事の本質が見えなくなってしまいます。

そうした思考のクセを一度リセットしてこそ、「純粋に考える」ことがスムーズにできるようになるのです(思考のクセについては、76ページで詳述)。

向こう側から・上空から・離れたところから考える

「結論から・全体から・単純に考える」をイメージで示すと図6のようになります。

地頭力とは「離れて」考えることだと私は感じています。

「結論から」考える仮説思考力とは、「こちら側」にいる自分とは離れた「向こう側」（最終目的地）にもう一人の自分を置き、「向こう側」から「こちら側」を考えるイメージです。

「全体から」考えるフレームワーク思考力とは、全体を見渡すことができる位置、つまり「一万メートルの上空」にもう一人の自分を置き、そこから地上にいる自分を眺《なが》めて考えるイメージになります。フレームワーク思考とは「地図上で考える」思考ともいえますが、それも、この図からイメージするとわかりやすいでしょう。

「単純に」考える抽象化思考力とは、対象となる複数の対象物から離れて考えるイメージです。たとえば樹種の異なる二本の大木をその根元で見たら、まったく異なるものに見えるでしょう。それが徐々にその対象物から離れていけば、枝葉が見えなくなり、大きな幹としてはほとんど同じように見えてくるかもしれません。対象が人間でも同様です。近寄ってみればまったく異なる人たちが、遠くから見てみれば区別がつかなくなっていく。これが抽象化思考のイメージです。

以下、この「離れる」というイメージを持って読み進めていただければ、理解しやすいと思います。[7]

7　ここで言っている「離れる」は「メタで考える」とほぼ同義といってよいでしょう。

何が「離れる」ことをじゃまするのか

「地頭力とは離れること」というと簡単なように思えますが、これぞ「言うは易《やす》く行うは難《かた》し」です。

では、なぜ離れることが難しいのでしょうか。それは、私たちが自由に思考しようとすると決まって強力な「阻害求心力《そがいきゅうしんりょく》」が働いて、「離れる」ことをじゃまするからです。[8]

阻害求心力には、次のようなものがあげられます。

●向こう側に離れて考えること（仮説思考）を阻害する求心力……完璧主義、正解依存症、情報依存など。

●上空に離れて考えること（フレームワーク思考）を阻害する求心力……自己中心主義、視野狭窄《きょうさく》、先入観など。

●対象物から離れて考えること（抽象化思考）を阻害する求心力……重箱シンドローム、経験依存など。

8　メタ認知を妨げるという点でこの阻害要因の大きな要因となるのが、様々な心理的な認知バイアスといわれるものです。

図6　地頭力とは「離れて」考えること！

「向こう側に」離れる
（仮説思考力）

「上空に」離れる
（フレームワーク思考力）

「対象物から」離れる
（抽象化思考力）

	仮説思考 結論から考える	**フレームワーク思考** 全体から考える	**抽象化思考** 単純に考える
離れるのは何のため？	効率的に目標地点にたどり着くために	思考のクセを取り払うために	枝葉でなく本質を見分けるために
何から**離れる**？	自分自身	自分自身	観察の対象
どうやって**離れる**？	仮の目標地点に、もう一人の自分を置く	上空に、もう一人の自分を置く	対象から遠ざかる
離れて何を見る？	自分自身	全体	比較対象物

これら「阻害求心力」の正体と対処法については、第4章で詳細に説明していきます。

第3章

心がまえ

「考えはじめる」ために、三つの「意識」を持とう

1 時間に対する感度を上げる

「考えはじめる」のに必要な三つの「意識」

「考える」には、「考えはじめる」という高いハードルがあります。では、どうすれば「はじめる」ことができるのでしょうか。それは「意識」すること、つまり「心がまえ」を持つことです。

図7を見てください。ここにあげた、①時間に対する感度を上げる、②知的依存心を捨てる、③自分の「思考のクセ」（思いこみ）を徹底的に認識するという三項目が、「考えはじめる」ために必要な心がまえになります。そしてこれらは、「はじめる」だけでなく「続ける」ための要件でもあります。「はじめる」ことができても「続ける」ことができなければ、振りだしに戻ってしまいます。呼び覚ました地頭力を維持し続けるためには、これら三つのポイントをつねに「意識」しておくことが非常に重要です。

図7　地頭力トレーニングをはじめる前の準備

① 時間に対する感度を上げる

- 金銭感覚はあるが、「時間感覚」は？
- 「寝坊した瞬間」を思い出せ

② 知的依存心を捨てる

- 地頭力とは「自頭力」
- 「答え」はどこにもないと思え

③ 自分の「思考のクセ」（思いこみ）を徹底的に認識する

- 思いこみをなくす必要はない
- ただし、「認識すること」が重要

「金銭感覚」よりも個人差が大きい「時間感覚」

一つ目のポイント「時間に対する感度を上げる」は、時間の重要さをだれにも負けないほど認識し、限られた時間を最大限に活用しようとする意識を持つということです。そもそも「地頭力」は、一定時間内で最大限のアウトプットを出すための手段ともいえます。おのずと、時間に対する意識が重要となるのです。

時間は、お金と共通点があります（図8）。

いずれも有限であり、他の最終目的を達成するために必要な「リソース」（資源）であり、これをいかに有効活用するかで最終アウトプットが変わってきます。また、時間もお金も最終目的ではなく手段であるがゆえに、最終的な目的の優先順位をつけるための「尺度」となる点でも共通しています（「お金がない」「時間がない」という言葉は、じつはほとんどの場合、それ自体に意味はありません。つねに「△△に対して」という対象物とセットで、要は「△△の優先順位が低い」と言っているだけです）。

もちろん、お金と時間には相違点もあります。時間は万人に平等に与えられますが、お金は生まれや運や努力で絶対量が変化します。さらに時間は、個々で消費する場合が多いお金と違って、個人であろうと集団であろうと、他者と共有しながら（他者を巻きこみながら）消費する場合が多い、という違いもあります。

図8 時間とお金を比べてみると

<table>
<tr><th></th><th>時間 </th><th>お金 </th></tr>
<tr><td>共通点</td><td colspan="2">●なんらかの目的を達成するために必要な手段である
●有限である
●重要度を測るための「尺度」である</td></tr>
<tr><td>相違点</td><td>●万人に与えられた量は同じ
●他人と共有することがある</td><td>●人によって生まれつきの量が違う
●基本的に個人で完結する</td></tr>
</table>

さて、ここで最も言いたいのは、両者が重要な点で共通しているにもかかわらず、時間は往々にしてお金ほどには大事にされない、ということです。

よく、「あの人はお金持ちのくせにケチだ」などという話を聞くことがありますが、これは順序が逆ではないかと思います。ケチ（といえば聞こえが悪いですが、要はお金に関する感度が高い）だから金持ちになった、と考えるほうが自然でしょう。同様なことが「時間」にもいえます。地頭力を、時間というリソースを最大利用する能力と考えれば、「時間を大事に考える」というのが必須条件だということがおわかりいただけるでしょう。

加えて、お金との相違点である「他者と共有することが多い」という特徴を考慮すると、お金の無駄遣いは自分だけで完結しますが、「時間の無駄遣い」は本人のみならず周囲をも巻きこんで、多くの人の貴重な時間を無駄遣いすることになります。その意味では、お金よりも慎重に扱わなければならないのが時間、ともいえます。

表面にあらわれやすい「金銭感覚」と違って、「時間感覚」は表面にあまり出ないのでわかりにくいのですが、じつは金銭感覚よりも時間感覚のほうが、はるかに個人差が大きいような気がします。私の目から見ていると、タクシーで初乗り料金を払うのに一〇〇万円の札束を出して「おつりはとっといて」とでも言っているような、もったいない時間の使い方をしている人がよくいます（これもお金と同じで他人がどう使おうが「大きなお世話」ではあるのですが……二〇代までの私がまさにそうでした）。

お金の場合は、自分のお金をどう使おうが自由でしょう。しかし、時間は「他者と共有する」場合があります。こうした場合に「時間感覚」が鈍いと他人の貴重な時間も無駄遣いしているのだという感覚を持ってほしいと思います。

お金より時間を無駄遣いしやすいのはなぜ？

「金銭感覚」に比べて「時間感覚」を持ちにくい理由について、私は以下のような仮説を立ててみました。あくまでも「平均的な」という条件つきですが、私たちは若いころにはお金がなくて、年齢を重ねるとともに金銭的な余裕が出てきます。つまり、「お金がない」という状態を早いうちに十分経験しているため、金銭感覚は比較的持ちやすいわけです。

一方、時間はどうでしょうか。こちらは年齢とともに欠乏していきます。つまり、「時間がない」状態は、若いときにはあまり経験しません。これが、時間感覚が身につきにくい原因ではないでしょうか。

若いうちから大きな夢を持って実現のための計画を立てている人は、夢を実現するためにやるべきことが多い、つまり相対的に他の人より「時間がない」わけです。したがって、彼らの「時間感覚」は若いうちから研《と》ぎ澄《す》まされていきます。「若いころから夢を持っている人のほうが大きなことを達成できる」といわれますが、それは理にかなっているのです。人生、時間の大切さに早く気がついた者勝ちです。夢をかなえた人は、例外なく時間を大切にしてきた人たちだと思います。

なお、「急の仕事は忙しい人に頼め」とよくいわれますが、これも当然のことでしょう。忙しい人には「時間が足りない」という思いが強く、時間の重要性を強く認識しています。その結果、時間配分や時間管理がうまくなり、急な仕事にも対応できる能力を備えることになります。

2 知的依存心を捨てる

「恵まれた」環境が「考えない」人を作る

地頭力トレーニングに必要な心がまえの二つ目は、「知的依存心を捨てる」ということです。「考える」という行為は、自分の頭で考えるということです。その最大の妨《さまた》げになるのが「知的依存心」です。これがあると「考えない人」ができあがってしまいます。

知的依存心が強い人は、すぐに周囲の人に答えを聞きます（ただし、自分で考えるネタとなる情報はどんどん他者に聞くべきですが）。あるいは、インターネットの検索だけでお手軽な答えを探そうとします。これは自分で考えることを放棄した姿勢です（これも、「情報源」としては最大限に活用すべきですが、そのまま最終結論として頼ってはいけないということです）。

では、知的依存心が強い人とは、どんな人なのでしょうか。まっ先に考えられるのが、「環境に恵まれている人」です。「環境に恵まれている」ことは、地頭力をトレーニングする場合には否定的に働くといってよいでしょう。

具体例をあげながら見ていきましょう。

地頭力トレーニングに適した「いい上司」とは？

「職場や学校で〝いい上司〟（または先生、先輩）に恵まれている」

こう言えるあなたは、とっても幸せな人です。そのような環境は、自分から望んでも簡単に手に入るものではありません。しかし、じつはその幸せな環境が「自分で考える」という行為にとっては、逆に不幸な環境といえます。

そもそも、「いい上司」とはどんな人のことでしょうか。

●部下であるあなたのミスを補ってくれる。
●あなたの失敗の責任を取ってくれる。
●不足している業務知識や情報を適切に補ってくれる。
●あなたの言うことをきちんと聞いて理解してくれる。
●あなたのことを高く評価してくれる。

ざっと、こんな人ではないでしょうか。

さて、ここで考えてみてください。失敗したらだれかが責任を取ってくれるという環境で、

図9　あなたの上司はどっち？

都合の「いい上司」	⇔	地頭力のための「いい上司」
何でも教えてくれる	⟷	何も教えない
明確に指示を出す	⟷	明確な指示を出さない
ものわかりがよい	⟷	ものわかりが悪い
部下の失敗の責任を取る	⟷	部下の失敗の責任を負わない

真剣に考えて結論を出すでしょうか？　簡単に手に入れることができた情報を大事に思うでしょうか？　あるいは、同じような場面に遭遇したとき、ひとりで対応できるでしょうか？

説明不足の資料や言葉足らずの説明でも、推《お》し量《はか》って的確に理解してくれる人と仕事をしていて、あなたのコミュニケーション力は上がるのでしょうか？

コミュニケーション力を上げる最良の方法は、通信教育の教材で勉強することでもプレゼンテーションの練習をすることでもありません。それは「こちらの言うことを理解してくれない人」と付き合うことです。「理解力の高い人」と付き合っていても絶対にコミュニケーション力は上がりません。自ら考えて努力する必要がないからです。自分自身のことを実体以上に高く評価されてしまったら、もっと高いレベルに達するための努力をやめてしまうのではないでしょうか。

世にいう「いい上司」とは、部下にとって「都合のいい上司」にすぎないのではないでしょうか。都合のいい上司は、知識力を着実につければよい時代には確かに「いい上司」だったかもしれません。しかし、地頭力をつけようとするあなたにとっては、「いい上司」とはいえません。ある意味、真逆となります（図9）。したがって、こう考えましょう。

「悪い上司に当たったら絶好のチャンスである」

もちろん、こういう上司が、「人間として」または「組織人として」よいか悪いか、あるいは、あなたの精神衛生上どうなのかについては別問題である、ということを付け加えておきましょう。

「恵まれない」環境は絶好のチャンス！

もともとトレーニング環境が整っている場合があります。たとえば、会社の教育環境が整っていて、いつでも好きなトレーニングが受けられるようになっていたり、会社が補助金を出してくれたり、自ら何もしなくても自分に適したトレーニングコースが用意されているような「恵まれた」会社にいる人も要注意です。「自ら考える姿勢」を殺すのにこれほど適した環境はありません。

学習意欲の高い人にとっては、恵まれた教育環境は歓迎でしょう。しかし、そんな場合でも、手放しで喜べません。むしろ警戒すべきだと思います。最初は学習意欲が高かった人でも、恵まれた教育環境が用意されてしまうと、「学びたい」というハングリー精神がそがれていきます。やがて、「自ら考える」という地頭力にとっていちばん重要な「姿勢」を弱めてしまうという皮肉な結果になりかねません。

逆にいえば、「トレーニング環境に恵まれていない」人は、そのことを悲観する必要はまったくありません。むしろ、「自分で考える姿勢を養う絶好のチャンス」と歓迎すべきです。

環境のよさと知的依存心は比例する。そう考えて間違いではないと思います。「恵まれた」環境は地頭力には必ずしもいい影響を与えませんが、一般的には至れり尽くせりで「何でも教えてくれる」環境がよい環境とみなされています。企業でもトレーニング環境が充実していることが、採用で学生をひきつける大きなうたい文句になっています。

こうした認識が生まれた背景には、これまで知識力を重視してきた日本の教育や企業が、意識的にか無意識のうちにか、知識力を着実に養成するのに適した環境を作りあげてきたということがあるでしょう。多少極論とも言えますが、図10に「知識力」を着実に養うのに適した環境と「地頭力」を養うのに適した環境を対比してみました。

知識力がつく環境は、ひとことでいえば「足りている」環境です。地頭力がつく環境というのは「足りていない」環境です。地頭力を養うのに適さない環境、つまり「足りている」環境にいる人は、意識的に「足りていない」環境に自分を置いてみることも必要になるでしょう。そうしなければ知的依存心を捨てることはできないかもしれません。

所属している組織や会社のお金でトレーニングに行ける、書籍を買える、こんなことが好きなようにできる環境にいる状態が、本当に「恵まれている」といえるのでしょうか。短期的には得をしても、「他人の金で」学ぶよりも、使い道を十分に考えて「自分のお金」を投資するほうが、長い目でみたらよっぽど効果があるのではないでしょうか。

図10　あなたの環境はどっち？

知識力がつく環境	⇔	地頭力がつく環境
大企業	⟷	中小企業
伝統的企業	⟷	新興企業
「いい上司」の下	⟷	「悪い上司」の下
整った教育環境	⟷	未整備の教育環境
前例がある	⟷	前例がない
「手本」がある	⟷	「手本」がない

3 自分の「思考のクセ」を徹底的に認識する

だれもが持っている「思考のクセ」

心がまえの最後は、「自分の思いこみ（思考のクセ）を徹底的に認識する」ということです。ここで明確にしておきたいのは、思いこみはなくす必要はなく、「認識する」ということが重要だということです。思いこみは必ずしも悪いことではありません。

思いこみのまったくない人は魅力がありません。人間の魅力はある面、この思いこみ（これが個性となります）からくるものといってもよいでしょう。

繰り返しますが、大事なのは自分の思いこみを徹底的に強く認識しておくことです。先述のとおり、思いこみが「離れて考える」ことの阻害求心力となるからです。この認識があった上で他人と会話するのとしないのとでは、大きな違いが出てきます。地頭力をトレーニングする上で、この作業は欠かせません。

では、私たちにはどんな思考のクセがあるのでしょうか。

相手より自分、将来より現在

①相手のことでなく自分のことを中心に考えている。

私たちはだれしも「自分勝手」です。これは悪気があるとかないとかではなく、人間はみな自分の視点でしか物事を考えられないからです。「自分はつねに一〇〇パーセント相手の視点で物事を考えられている」などと言う人がいたら、それこそ「自分勝手な」視点の最たるものでしょう。

②将来のことではなく現在のことに目が向く。

「そんな先のこと考えられないよ」

ある意味で非常に理解できる考えです。どうなるかもよくわからない将来のことを考えるより、直近で困っていることや明日のこと、あるいは今日のことを考えてしまうのは当然のことでしょう。

結果よりプロセス、全体より部分

③結果でなくプロセスを語る。

私たちは、とくに自分の経験から得られたことを語る際に、つい結果や結論でなく途中経過、つまりプロセスを中心に話してしまう傾向があります。苦労話といってもよいでしょう。ビジネスにおけるプレゼンテーションや顧客に対する営業活動や開発者の製品説明などもそうですが、ついつい「苦労話」が先に出てしまい、「いかにしてそうなったか」の説明に時間を費やしてしまいがちです。

しかし、聞き手からすると、聞きたいのは途中経過ではなく「最終的にどうなったのか」であることのほうが多いのです。これは一つの例ですが、「話したいこと」と「聞きたいこと」、「話して楽しいこと」と「聞いて楽しいこと」は、往々にして異なっていることを認識しておくのは重要なことだと思います。

④全体からでなく部分から考える。

自分中心の視点で物事を考えていると、つい全体でなく自分の周囲という一部分から話をはじめてしまうことになります。本人にとってはなにげないことでもこれは話の聞き手には非常にわかりづらいものです。なぜなら、それは聞き手と共有されていない「部分」であるからです。

遠くの重大事より直近の些《さ》細《さい》なこと、自分の短所より他人の短所

⑤時間的に遠い重要なことより直近の些細なことを重要に考える。

「いまの自分を中心に考える」という傾向は、時間的なことにもあてはまります。

私たちは時間的に遠くのことよりも、最近のことや直近のことを優先的に考えてしまうクセがあります。

たとえば「あなたの最近五年間の10大ニュースをあげてください」と突然聞かれたら、本当に重要な出来事より最近のことが多くあがりませんか？　将来についても同様で、「向こう五年間に最もお金をかけるべきことは？」と聞かれたら、直近で必要のあることへの使い途《みち》がまっ先に出てくるのではないでしょうか。

⑥自分の短所には目をつぶり、他人の短所に目が向く。

これも自己中心的な考えのあらわれです。私たちはみな自分がかわいい、だから自分が短所だと思っているところはあまり重要でないと考え、自分が長所だと思っているところが他人が不得意だったとすると、必要以上にそこをクローズアップして問題視してしまう傾向があるのではないでしょうか。自分を客観視するのが難しいことの一例です。

相違点にこだわり、自分を特殊と考え、他者を一般化する

⑦共通点でなく相違点にこだわる。

私たちはとくに自分と他者とを比較するときに、共通点よりも相違点にこだわる傾向があります。しかもそれは往々にして「できない言い訳」をするときに出てくる考えのような気がします。他人の成功談を聞いたときに、「あの人はお金持ちだから」とか「海外生活が長いから」とか、あるいは会社で考えれば「あそこの会社は外資系企業だから」とか「あそこの部署は予算がたくさんあるから」とか、自分が他者と比べて不利な点が目についてしまうのではないで

しょうか。

しかし実際は、成功談に書かれていない、その人なりの不利な条件だっていっぱいあったはずです。条件はじつはほとんど一緒、あるいは自分のほうが有利であることだって山ほどもあるのに、つい不利な条件ばかりに目が向いて、できない理由の説明のために必要以上に他者との相違点を気にする傾向があるのでしょう。

⑧自分を特殊だと考える。

どうも私たちは、「自分を特殊だ」と考える傾向が強いようです。当たり前の話ですが、他人と自分とを等距離で見ることはできません。自分のことは「超至近距離」で見ているがゆえに、特殊事情や細かいことが他者より目立って見えてしまうのです。

そのこと自体は、自分を大切にする自尊心や自信、いい意味での「プライド」につながるわけで、悪いことではありません。しかし、他者とコミュニケーションするときには注意が必要です。

たとえば、職場でのよくある「ぼやき」の一つに、「自分だけが人知れず苦労している」とか、「見えないだけで、じつは自分の環境は他人より大変だ」などがあります。実際は、他の人だってあなたと同様、「人知れず」に苦労していることがあるものですが、「自分の環境は特殊」と考えていると、そのことには目を向けることができません。

⑨他人のことは一般化する。

自分のことを特殊だと考える一方で、他人のことは必要以上に一般化する傾向もあります。たまたま会った一人の行動特性から、その人の所属する国や組織と結びつけて、「まったく○○の人は××なんだから……」などと考えがちです。それがその人個人の特性なのか、その人の所属する国や組織の特性であるかは、相当数のサンプルを見てからでないと判断できないはずです。いわゆる「偏見」とは、このような思考のクセのことをいいます。

枝葉や例外にこだわり、複雑に考える

⑩太い幹よりも枝葉にこだわる。

自分の詳しい分野のある人や専門家といわれる人ほど、この傾向が強いように思えます。細かいことまでをよく知っている分、他者から見れば目的に合わない枝《し》葉《よう》末《まっ》節《せつ》にまでこだわった説明をして、知識が豊富であるがゆえに話がわかりにくいという状況を生み出してしまうことはよくあることです。

⑪基本原理より例外事項にこだわる。

「枝葉にこだわる」ということに関連しますが、私たちはついつい基本原理よりもそこからはずれた例外事項にこだわってしまいます。わかりやすい例をあげましょう。

それまでの仕組みやルールを変えようという場面でよくある議論として、「こんな場合はどうする」「自分はこんなに特殊な経験をしたことがあるが、そういうものはどうやってカバー

するのか」と、何百回に一回しか起きないような例外的な事項をあげて反対して、なかなか前に進まないということがよくあります。ほとんどの場合にメリットがあっても、私たちの発想というのはつい例外的なことにこだわってしまうものなのです。

「枝葉にこだわる」という思考のクセと併《あわ》せて、「例外事項にこだわる」というクセも、得意分野や専門分野で、そして専門性が高ければ高いほど、多く見られる傾向があるようです。

⑫物事を単純でなく複雑に考える。

物事を必要以上に複雑に考えてしまう思考のクセもまた、「枝葉」や「例外事項」にこだわるクセと同様、得意分野であらわれる傾向が強いと思われます。得意な分野がある人や、専門性の高い仕事をしている人は、そのことを十分に認識しておく必要があるでしょう。

ここまで、いかに私たちが「思いこんで」いるかということを見てきました。言い換えるとこれが私たちの「思考のクセ」ということになります。自分の「思考のクセ」を徹底的に認識することが、地頭力トレーニングの第一歩です。

以上、本編では地頭力を鍛えるための準備編として「三つの心がまえ」を見てきました。

①時間に対する感度を上げる。
②知的依存心を捨てる。
③自分の「思考のクセ」を徹底的に認識する。

これらを踏まえた上で、地頭力の三つの要素、「結論から」「全体から」「単純に」考える思考法、すなわち「離れて考える」思考法のトレーニングに入っていきたいと思います。

第4章

実践トレーニング

眠っている地頭力を呼び覚まそう

1 結論から考える「仮説思考力」トレーニング

仮説思考力チェックの解説

23ページの仮説思考力チェックの結果はいかがでしたか?

ここでは、「結論から考える」あるいは「向こう側から考える」という仮説思考を行う上で、向こう側に離れることを妨げる「阻害求心力」の強さをチェックしています。YESの数が多いほど阻害求心力が強い、ということになります。つまり、仮説思考力の高い人ほどNOの数が多くなります。

●YESが二個以下……仮説思考力　A級
●YESが三～六個……同　B級
●YESが七個以上……同　C級

仮説思考をする上での阻害求心力とは、完璧主義(①⑧⑨)、情報依存症(⑩)、正解依存症などです。また、「向こう側」とは自分でなく相手(⑥)であり、手段でなく最終目的(②⑤⑦)であ

図11　向こう側に離れる仮説思考

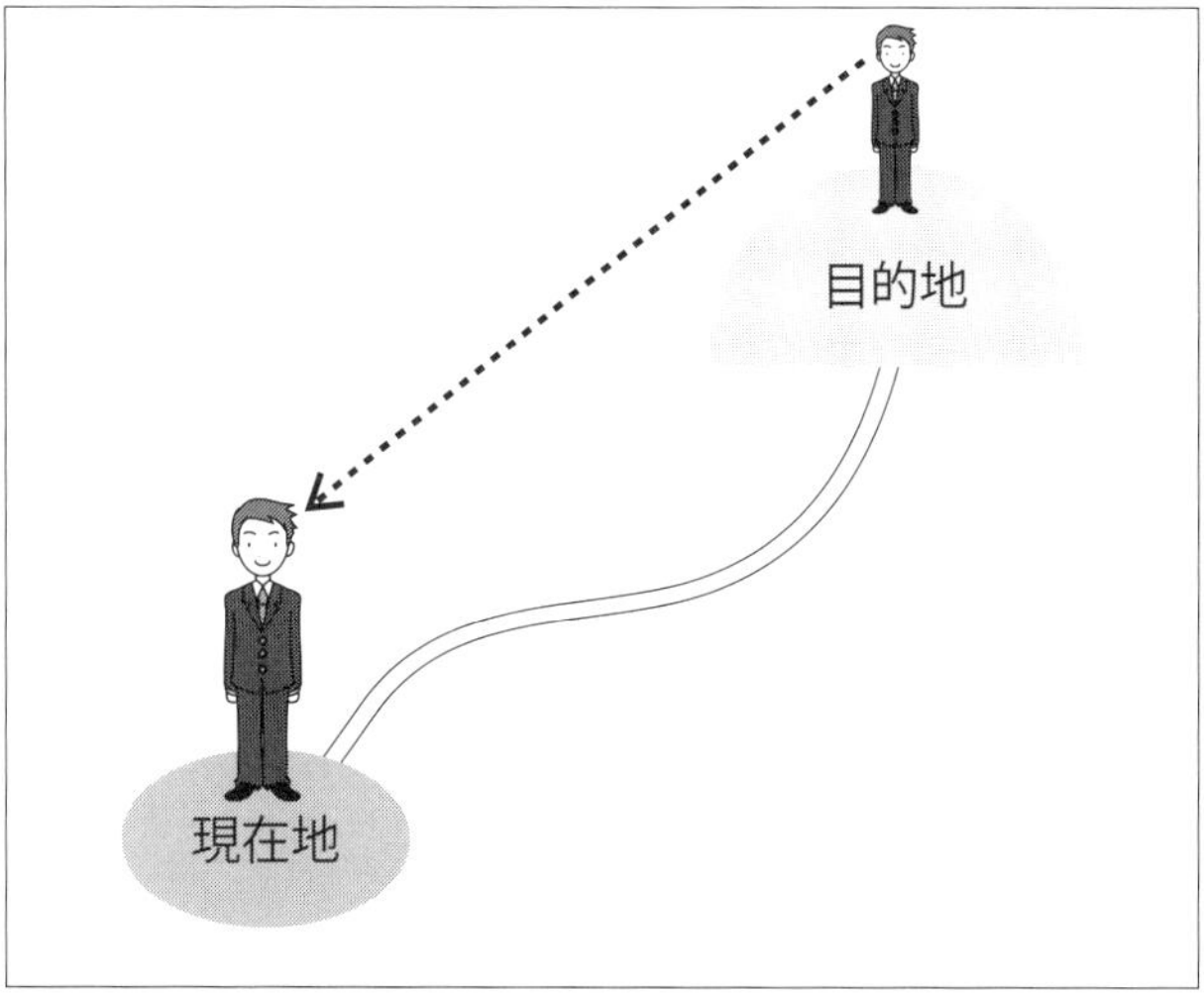

り、現在ではなく将来（④）から考えられているか、あるいは時間やスピードに関する感度（③）はあるか、という点もチェックしています。

それでは、これらはなぜ問題なのか、克服するとどんなメリットがあるのか、具体的に見ていきましょう。

もうひとりの自分を「向こう側」に置いてみる

仮説思考のイメージを図11に示します。

結論というのは言い換えれば最終的にたどり着く目的地のようなものです。「結論から考える」というのは、この最終目的地を仮に設定して無理やりにでもそこに自分を置いてみる思考法です。「いまの自分」を見ている「もうひとりの自分」（目的地にいる）が、「いまの自分」を目的地まで最も効率的に引き寄せる方法を考えるイメージです。この思考法ができれば、「いまの自分」と「到達すべき自分」とのギャップを明確にすることができます。

具体的には、①いまある情報での最善の結論（仮説）を想定し、②情報の精度を上げていきながら適宜《てきぎ》その仮説を修正し、③最終結論に至る思考プロセスのことをいいます。仮説思考することのメリットは、結論をある程度想定しておくことで最終結論に至るまでの情報収集や分析の作業を最短かつ最小の労力にできることです。

仮説思考というのは応用範囲が広く、「最終目的地からさかのぼって考える」という解釈をすると、「こちら側から」でなく「向こう側から」にベクトルを逆転させて考えること、あるいは最終目的地から「逆算して」考えることと定義することができます。

そう考えれば、広義の仮説思考というのは、「現在から」でなく「将来から」考える、「手段から」でなく「目的から」考える、あるいは「できることから」でなく「やるべきことから」考える……といったように非常に応用が利いて、かつ思考回路を転換させるのに大きな効果が期待できる考え方であるといえます。

パソコン上でファイルをコピーするときや、最近の洗濯機等でも動作を開始するとただちに「残り時間○○分」というのを表示してきます。これもある意味で「仮説思考」の応用です。はじめに出てくる残り時間というのは、あくまでも「その時点での最善の推測」です。これが、作業が進んで情報が増えてくるにつれてコロコロ変わることは経験済みでしょう。でも、こういう動作をするものだとわかっていれば、何も情報がないよりはましでしょう。これが仮説思考の根本にある考え方なのです。

本章ではこの「結論から考える」仮説思考を「向こう側から考える」考え方であるとし、そのための心がまえや具体的な活用方法について解説していきます。一般にいわれる「仮説思考」より広義に捉えていますが、「向こう側から考える」という思考回路が求められることに変わりはありません。

「結論から考える」あるいは、「向こう側から考える」ことによってものの見方が変わるとともに、最終目的地に至るまでの労力を劇的に効率化できることがおわかりいただけるでしょう。

わからないことが多くても一歩前に出てみる

仮説思考とは、現在地から目的地に自分の視点を「離れさせて」考えることです。では、この「向こう側に離れる」という思考を妨げるものとは何でしょうか。

まず一つ目は完璧主義です。「精度の呪縛《じゅばく》」といってもよいでしょう。

私たちは、知識中心の詰めこみ教育の弊害からか、物事にはつねに正解があり、ある程度の精度がなければ話しても意味がないという発想を持ちがちです。ところが、向こう側に離れるためには、多少の不確実性を覚悟しなければなりません。「できない理由」がたくさんあっても、まずは離れてみることが必要です。

そして二番目が「情報の呪縛」です。

私たちは何かの結論を出すときに、（勝手に自分で思いこんだレベルの）最低限の情報が必要だと暗黙のうちに思いこんでしまっています。そのために、「いまある情報で結論を出す」ということができなくなってしまっているのです。

仮説思考する電子機器とは？

私たちの身のまわりで「仮説思考している」電子機器があります。それは何かおわかりでしょうか。ヒントは、仮説思考の目的である「最終目的地に最も効率的に到達すること」にあります。もうおわかりですね。答えは「カーナビ」です。

じつはカーナビというのは、仮説思考を学ぶ上で非常に参考になる電子機器なのです。カーナビの操作を思い出してみてください。

①動作開始段階

●目的地を入力する。

●カーナビは目的地までの最適な（時間が最短の場合や料金が最低かなどはユーザーが設定できる）ルートを算出する。

●併せて即座に「見込みの」到達時間を算出する。

②走行段階

●（当たり前ですが）つねに最終目的地を記憶し、それを中心に情報を加工する。

●当日の渋滞情報を入手して到着見込み時間をつねに最新版に再計算する。

●途中で事故があった場合など、必要に応じてルートを最適なものに変更する。

●場合によっては目的地そのものも変更可能。

●その場合にはナビはただちに新しい目的地に合わせてルートと見込み到達時間を変更する。

③目的地への到達

●最終目的地に到達したことをアナウンスする。

いかがでしょうか。これは先にご紹介した仮説思考のステップそのものであることがおわかりでしょう。

キーポイントとして、

●カーナビはすべて、最終目的地に最適な方法で到達できることを「片時も忘れずに覚えて」

9　カーナビという「当時の最新技術」はいまやスマホの地図に置き換えられつつもありますが、この思考実験の言わんとすることは15年経ったいまでも理解してもらえるのではないかと思います。

いる。

●そのときにある最善の情報を用いて、つねにその時点での最適解を算出する。

●つねに最新情報を入手して、当初の答えをそのつど更新していく。

などがあげられます。まさにこれは仮説思考の基本精神と合致しています。仮説思考のイメージトレーニングをするのにこれほど参考になる機器はないのです。

ちなみに私たちの脳の中の「カーナビ」は、

●柔軟性があって「融通が利く」

という長所がある半面で、

●気まぐれで、

●ときに基本動作に忠実でなく、「目的地」を忘れるところがあり、

●怠け者で、時間があれば（「ウサギと亀」のウサギのように）つい寄り道をし、

●はじめに決めたルートに固執するあまり、途中で最終目的地のことをつい忘れてそのルートを走ることが目的化してしまう。

といった「仕様」になっています。

もしも人間くさいカーナビがあったなら

ここで、「もしも人間くさいカーナビがあったなら」という話をしてみましょう。

五郎くんは久々に週末にドライブに行くことにしました。五郎くんの愛車には、先週買った最新カーナビの「トリアエズ28号」がついています。このカーナビ、非常に人間くさく、一人ドライブのお供として最適という触れこみでした。

ドライブ先でのんびりしようかと週末を楽しみにしていた五郎くん、遅い朝食を済ませて愛車に乗り込みました。

五郎「よし、じゃあ出発しようか」
28号「マズハ　トリアエズ　ハッシャ　シマショウ」
五郎「あれ？　ナビって目的地を最初に入力するんじゃなかったっけ？」
28号「トリアエズ　コクドウマデ　デマショウ」
五郎「ええ？　いいの本当に？　とりあえずで!?」
28号「コクドウニ　デテカラ　カンガエマショウ」
五郎「わかったよ。じゃあ発車するよ。そうそう。今日は箱根あたりに行きたいと思っていたんだ。芦《あし》ノ湖《こ》を目的地にセットして……と」

28号「ワカリマシタ」
五郎「ナビだからルートと予定時間が出てくるんだよね」
28号「ジョウホウガ　タリマセン。アツメマスノデ　一〇プン　マッテクダサイ」
五郎「おいおい、ナビだろ？　普通はすぐに答えを出してくれるんじゃないの。少しぐらい間違っててもいいからさあ。それじゃあぜんぜん見込みが立たないじゃない」
28号「デモ　ジョウホウガ　タリナインデス」
五郎「わかったよ、仕方ないなあ」
（一〇分経過）
28号「ルートト　ジカンガ　デマシタ」
五郎「あれ？　これ高速を使うルートじゃない。給料日前でお金ないんだから、なるべく一般道を使ってほしかったんだけどなあ」
28号「ダッタラ　モットハヤク　ソウイッテクダサイ」
五郎「だから、少しぐらい違っててもいいから早く教えてくれって言ったじゃない。まあ、仕方ないか。行きは高速で行くよ」
（しばらくして……）
28号「ヒダリゼンポウカラ　マツリバヤシガ　キコエマス　チョット　ヨッテミマショウ」
五郎「本当かよ⁉　でも面白そうだからちょっと行って見てくるか……」

（三〇分後に元のルートにもどって）

五郎「面白いお祭りだったね。さてどうすればいい？」

28号「…………」

五郎「次はどっちに行けばいいの？」

28号「…………」

五郎「ねえ、どっち⁉」

28号「モクテキチヲ　ワスレマシタ……」

五郎「芦ノ湖だろ、芦ノ湖。まったくやんなるなあ」

（しばらくはナビの言うとおりに走って順調に目的地に近づいていたが、急に渋滞になった）

28号「ゼンポウデ　ジコガ　アッタヨウデス」

五郎「どうすればいい？」

28号「オリテ　ヨウスヲ　ミテキテクダサイ」

五郎「本当？　じゃあ行ってくるよ」

（もどってきて）

五郎「なんかだいぶ前の車が側溝に落ちたみたい。その車の前後の人たちで動かそうとしているけど」

28号「デハ　テツダッテキテ　クダサイ」

五郎「うそだろ？　他にも行き方はあるんだから別の道を行ったっていいじゃないの？」

28号「ハジメニ　ソウキメタンダカラ　ソウシマショウ」

五郎「ええっ⁉」

とりあえずスタート、すぐに脱線、目的を失い、手段に固執

どうだったでしょう、「人間くさい」カーナビは。

これは、私たちがある目的を達成するために行動を開始したときに、いかに無駄な行動をしているか、ということの教訓です。ポイントを見てみましょう。

①目的地も決まらないのに「とりあえず」走り出した。

車の運転ならいざ知らず、私たちは日常でもこういうことをよく経験します。「とりあえず」会議を招集する、「とりあえず」情報を集める、「とりあえず」△△さんに電話する、などです。でも普通のナビだったら、こんなのあり得ませんよね。

②情報不足ですぐには答えを出せない。

普通のナビではきわめて当たり前の、「ある情報ですぐに答えを出す」ということが人間にはできません。スピードが求められているのに、ある一定以上の精度でないと意味がないと勝手に思いこんですぐには答えを出せず、挙げ句の果てに、見当はずれの答えを出したりするのです。

③すぐに「脱線」する。

私たちの目的地に向かっての「旅行」はさまざまな外乱だらけです。どこまでそういった外乱からの誘惑を断ち切れるか、これが最終目的地に最も効率的にたどり着くためには重要であることがおわかりでしょう。

④途中で目的を見失う。

これも私たちは日常よく経験するでしょう。「手段の目的化」です。はじめはある目的のために使った手段なのに、いつのまにかその手段にどっぷり漬《つ》かってしまって、はじめの目的などどこかに吹っ飛んでしまっている状態です。手段のほうが目的より目につきやすい、というのがその原因の一つのようです。

たとえば、はじめはなんらかの目的を持って開始した定例会議がいつのまにか形骸化して「会議を開催して集まること」が目的になってしまい、目的もなく集まったメンバーで「次回の議題を考える」という事態に陥ってしまう。これもまさに「目的と手段の逆転」です。

⑤トラブルがあってもルートを変えず、はじめに決めたルートに固執する。

私たちの思考回路は、非常に頑固にできています。一度決めた達成手段は、たとえ環境が変わってさらによくできそうなオプションがあったとしても、それに目をつぶり、はじめのやり方に固執しようとします。これは人間の保守的な本能を象徴する行動です。普通のカーナビにはこうした頑固さはありません。

また人間は、「せっかくここまでやったんだから」といった過去の経緯に引きずられ、純粋にその時点からの最適解を選べなくなることが往々にしてあります。たとえば山の途中まで登ってきて、じつはそのルートより、一度下山して登りなおすルートのほうがよいと理屈ではわかっても、なかなか下山には踏み切れないものです。

「ウサギと亀」のもう一つの教訓

普通のカーナビと人間くさいカーナビの違いを図12にまとめました。私たちがいかに仮説思考を不得意とするか、おわかりいただけると思います。

一方のカーナビの「思考プロセス」を考えてみてください。「最終目的地に最適の方法で到達させる」というミッションを持った機械を設計しようとすれば、仮説思考のプロセスをそのまま設計仕様にしてしまえばいいわけです。これがまさにカーナビです。カーナビは冷徹なまでに「最終目的地に最適の方法で到達させる」というミッションを遂行しようとします。

これに対して、人間くさいナビのトリアエズ28号は、「とりあえず」行動し、時間があれば寄り道します。人間は、時間に余裕があると寄り道をするものなのです。

「ウサギと亀」を思い出します。一般的には「最終的にはこつこつと努力する人が勝つ」というメッセージだと受け取られますが、私なりの解釈は「人間は時間的に余裕ができるとすぐに手を抜く」ということへの戒《いまし》めではないかと思っています。よく考えると深い話です。

図12　普通のカーナビ vs 人間くさいカーナビ

	カーナビの思考プロセス	もしも人間くさいカーナビがあったなら
目的地設定	①目的地のインプット	①目的地なしでも起動する
	②最適ルートの即時算出	②情報がないとルートが出せない
	③見込み到達時間の算出	③時間もすぐには出ない
走行中	①目的地の記録保持	①目的地をすぐに忘れる
	②最新情報によりルート再計算	②最初のルートに固執する
	③障害は回避して再計算	③障害に際しても最初のルートに固執する
目的地到着	①到着のアナウンス	①到着したのかどうかもよくわからない

プロのための思考ツール

ドライブの目的が「途中のプロセスを楽しむ」ということであれば、ときにはこういうカーナビを使ってみるのも楽しいでしょうが、「目的地に最適の手段で到達する」ということを重視するのであれば、こういうカーナビを使うのは問題といえるでしょう。

仮説思考も同じです。「途中のプロセスを楽しむ」のではなくて、「一定の目的を最適の手段で達成する」ことを目標とするのであれば、仮説思考で考えるのが有効であることがおわかりでしょう。

これは、アマチュアの世界とプロの世界との違いといってもいいかもしれません。ゴルフでもアマチュアは「プロセス」を重視します（スコアが悪くてもいいショットができたとか、新しい仲間と楽しくプレーできたとか）が、プロは「結果」がすべてです。

仮説思考は、結果を志向する「プロのための」思考ツールといえるでしょう。

切《せっ》羽《ぱ》詰《つ》まればだれでも「後ろから」考える

仮説思考とは結論から考えること、最終目的地から逆算して考えることであると述べました。

通常の状態ではこれをつねに実践できている人はほとんどいないのですが、逆にだれもがこうした仮説思考をしている状況があります。それは、「時間的に切羽詰まっている状況のとき」です。

たとえばこんな状況を考えてみましょう。

重要な用件が早朝に設定されていて、朝八時半までに絶対に目的地に到着しなければならない朝、あなたはつい「二度寝」をしてしまい、起きると時計は七時三五分を指しています。こんなときにはあなたの脳みそは一瞬のうちに「トップギア」に入って高速回転しはじめるはずです。このようなとき、あなたはどんなことを考えますか？

待ち合わせの場所までは四五分かかり、朝の支度に三〇分かかるとしましょう（合計すると七五分）。ところが、残り時間は五五分しかありません。こんなときには「後ろから」考えないでしょうか？　目的地に八時半に着くためには最寄りの駅に八時二五分、そうすると地下鉄の乗換駅には△分、乗り換え時間を考慮すると最寄りの駅の発車が△分、そうすると家を出るのが△分、そうすると身支度に残っている時間は△分だから……といった具合です。

あるいはこんな場合はどうでしょう。

何かの期限に向けて、なんらかの準備をしていると仮定してください（夏休みの宿題でも、ピアノの発表会でも、バレーボール大会でも、得意先企業へのプレゼンテーションでも何でもよいです）。「まだ先のこと」と思って準備を怠けていて、気がつくともう期限は一週間先に迫っていました。こんなときには、否応なく「期限から逆算」し、最低限必要なことをやるべく作業計画を立てないでしょうか。

人間は無意識のうちに、時間がない状態で最善の解を導くために「最終目的地から逆算して考える」という仮説思考の精神を実践しているのです。

では、なぜこういう考えを常時行うことができないのでしょうか。これはひとえに、「時間に余裕があるから」ということにつきます。

第3章の「心がまえ」で、「時間に対する感度を上げる」ことが必要だと書きましたが、その理由の一つがまさにここにあります。仮説思考するために最も重要なことの一つは、「切羽詰まった状態をつねにつくる」ことなのです。これはすなわち、「時間をつねに人一倍大事に考える」ことにほかなりません。つまり、「目覚まし時計が鳴っている」状態を作っておくのです。

考えてみれば、人生で大きなことを成し遂げている人は、若くして「人生の目覚まし時計」が鳴り始めた人ではないでしょうか。

●一〇代で鳴り始めた人……偉人になります。
●二〇代で鳴り始めた人……人より尖《とが》った業績を出せます。
●三〇代で鳴り始めた人……普通の人です。
●四〇代で鳴り始めた人……最終電車にぎりぎりセーフ。
●五〇代でも鳴っていない人……それはそれで幸せでしょう。

「カタチ」でなく「ココロ」を見る

「向こう側から考える」という仮説思考の次の応用は、「表面的に見えている事象から」でなく「その向こうにある本質から」考える、ということでもあります。本書では前者を「カタチ」、後者を「ココロ」と呼ぶことにします。

　地頭力を高めるには、「カタチ」でなく「ココロ」をつねに意識することが必要であると肝《きも》に銘じてもらいたいと思います。「カタチ」と「ココロ」という発想は日常生活のさまざまな場面に応用が利きます（図13）。

「カタチ」でなく「ココロ」を見るとはどういうことなのか。そのイメージをつかんでいただくため、例をあげましょう。

　図14を見てください。

　あなたが高速道路で自動車を運転しているとします。前のクルマを追い越すために右側の追い越し車線に出たところ、思いのほか元の走行車線がつまっていたため左車線にもどるタイミングを失いました。そこで、しばらくそこそこのスピードで追い越し車線をそのまま走っていましたが、しばらくしてふと気がつくと、あなたのクルマの後ろに車間距離をとらずにピタッとくっついている自動車がバックミラーに映っていました。あたかもあなたのクルマを「あおって」いるかのようで、そのドライバーのイライラぶりが見てとれます。その様子から、「飛ばし屋」のクルマかと思いきや、実際は四人家族が乗車している軽自動車で、父親とおぼしきドライバーはミラーで見るかぎり「過激な」人のようには見えません。

図13　応用範囲が広い「カタチとココロ」

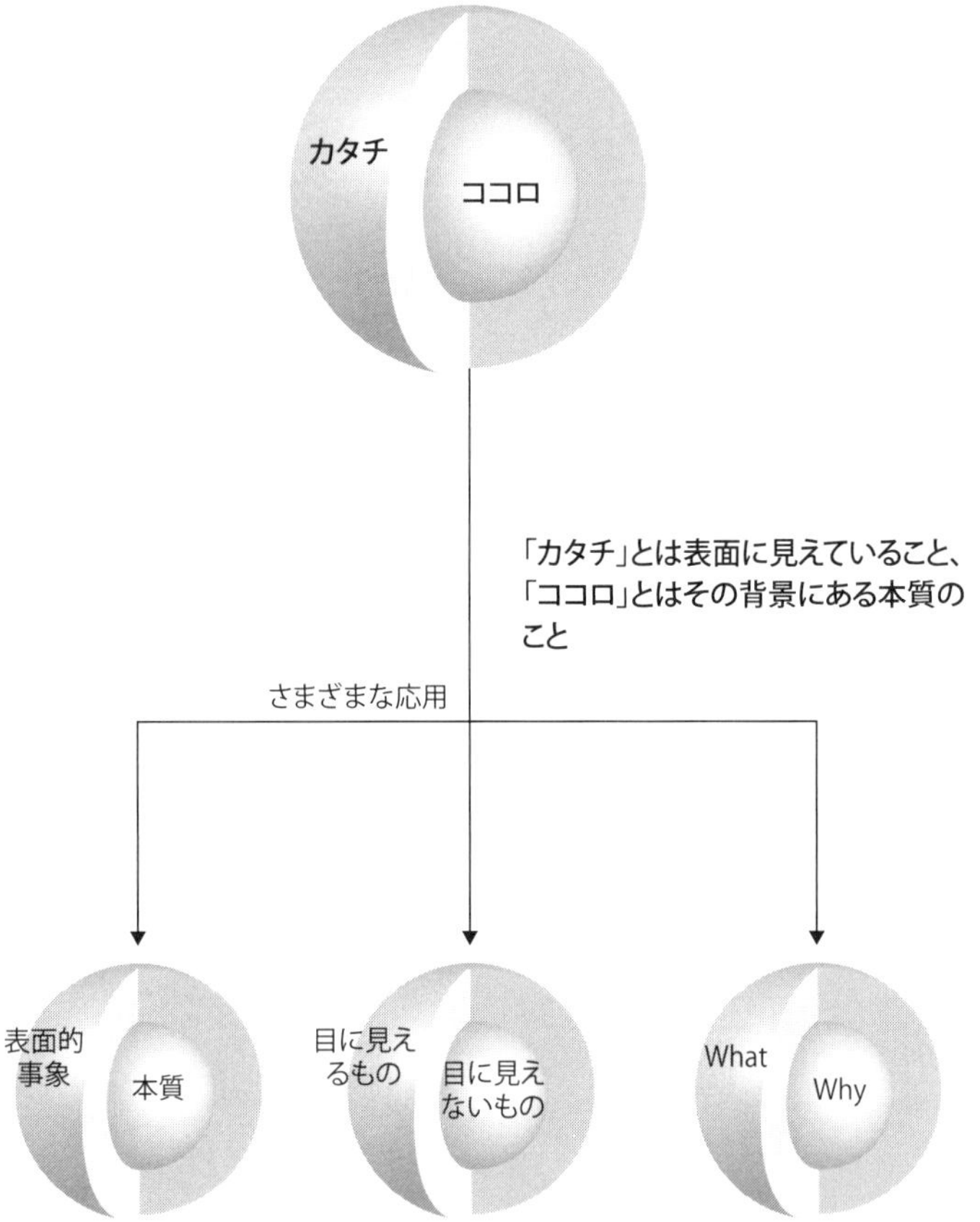

図14　問題の原因は1台向こう側にある!

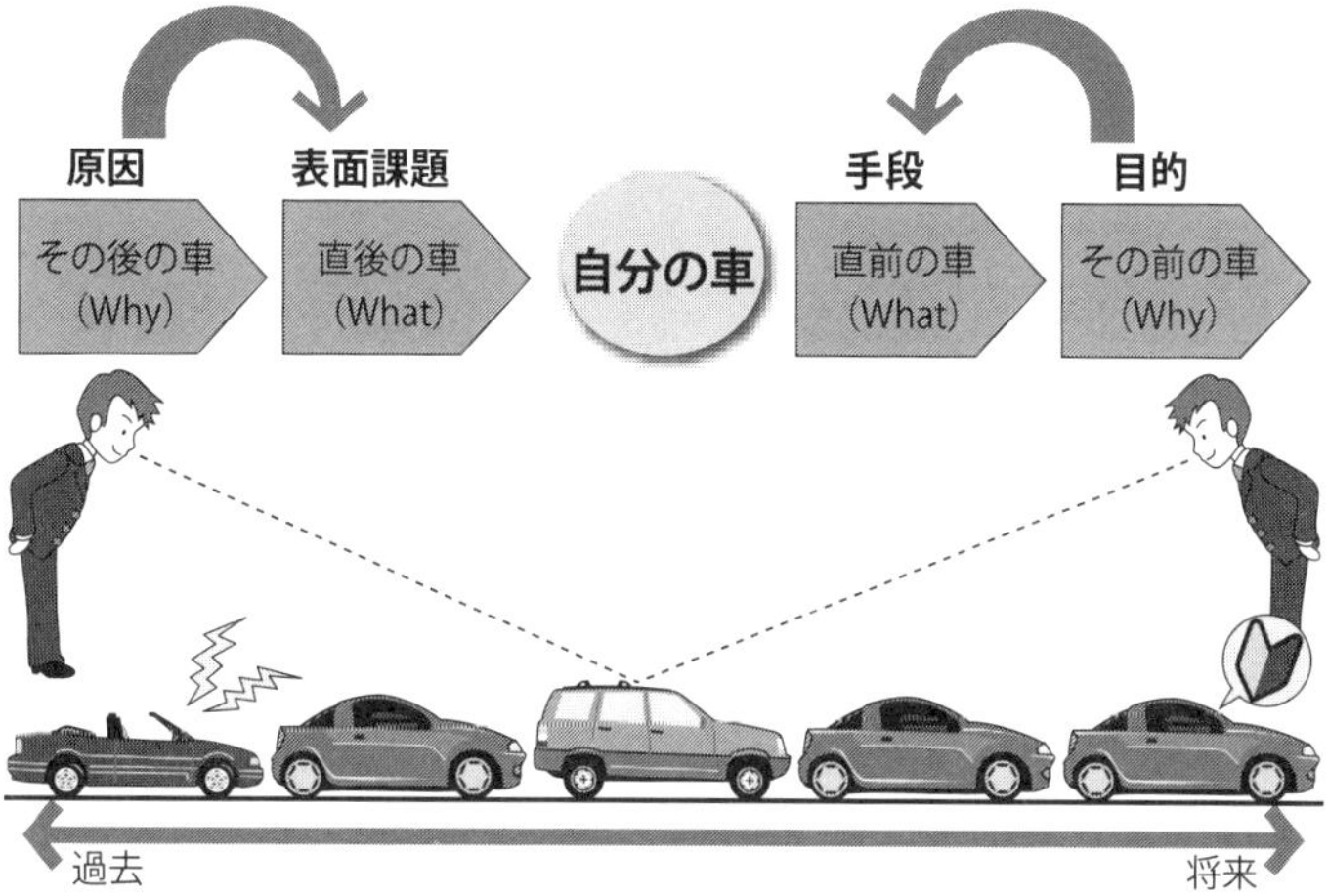

しばらくしてナゾが解けました。少しスピードを上げていくと、左車線に隙間《すきま》ができたのでそこへ逃げこむように入ったところ、その軽自動車もすかさず「逃げこむ」ように入ってきたのです。そして、その後ろからあらわれたのが、「いかにも」というスポーツカーでした。

みなさんも似たような経験をしたことがあるのではないでしょうか。あるいは逆に、前のクルマがやたらに意味のないブレーキを踏んで怪しい動きをすると思っていたら、原因はさらにその前のクルマにあったことがわかる場合もあります。

私たちの身のまわりで起こっていることの原因は、表面にはあらわれないことが多いものです。本当の原因が、表面にあらわれていることの後ろや前、さらには「もう一台向こうのクルマ」であったりするのです。あるいは、まったく想像もつかないような（ここにあげた事例でいえば原因がクルマ以外かもしれません）原因が隠れている可能性もあります。

つまり、「カタチ」だけを見ていたのでは、ほとんど何も見ていないのと同じなのです。「ココロ」を見ることで初めて、物事の本質が見えてきます。

上司の言うことは、なぜコロコロ変わるのか

同様に、「カタチ」でなく「ココロ」を見ることの応用例として、上司と部下の関係をあげてみましょう。

上司の言うことがコロコロ変わって部下が四苦八苦する……。古今東西を問わず頻繁に起きている現象でしょう。あるいは営業マンと顧客との間でも同じことが起きています。先週行った打ち合わせの席上での指示に従って資料を作っていたら、急に今週になって上司や顧客が違うことを言い出して一切の資料をやり直す羽目になった……。おそらくだれもが一度や二度は経験していることでしょう。まったく迷惑な上司や顧客です。でも本当に原因は相手だけにあるのでしょうか。

別の見方をしてみましょう。「言うことがコロコロ変わる」と思われている上司や顧客に面と向かって「この前と言うことが違いますね」と言っても、本人はまったくそのつもりではないことのほうがじつは多いものです。

図15　コロコロ変わるのはカタチ、ココロは１つ

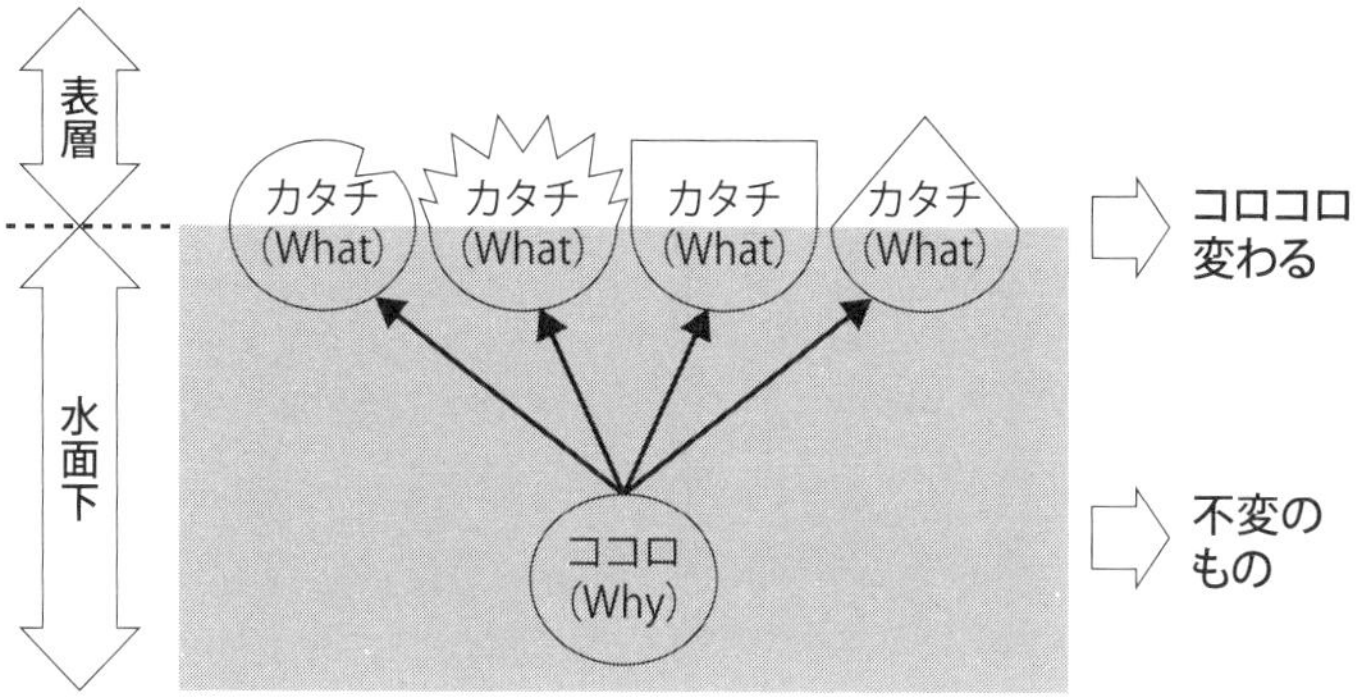

その証拠に「あなた自身」のことを考えてみてください。あなた自身は毎日気まぐれにコロコロと言うことを変えていますか？　あなた自身が「上司」や「顧客」になった場合を考えてみてください、あなたは「言うことがコロコロ変わる」悪い人でしょうか？　おそらくほとんどの人はそう思ってはいないでしょう。もし言うことが変わっているとしても、あなたの中では論理的に首尾一貫している話であって、単なる気まぐれではないのではないでしょうか。でも残念ながら、他人から見ると、そうは見えないことが多いのです。

では、このギャップはどこからくるのでしょうか？

図15を見てください。

水面上に出ている「カタチ（Ｗｈａｔ）」とその深層にある「ココロ（Ｗｈｙ）」の絵です。表

面上のカタチしか見ていない人は、ここでいう四つの「カタチ」がまったく別のものに見えますが、深層の「ココロ」を見ている人にとってみれば、これらは同じ一つの「ココロ」の異なる表現形態であることがわかります。

ココロ変わって見えるのは、「カタチ」を見ているから。「ココロ」はそう簡単には変わりません。

「ココロ」をつかめば世界が変わって見える

「カタチ」でなく「ココロ」を見ることの重要性は、おわかりいただけたでしょうか。ココロをつかむと世界が変わって見えます。この違いは、いわばお釈迦《しゃか》様か、その掌《てのひら》の上の孫悟空《そんごくう》か、それほど違うといってもいいと思います。

先述の上司と部下の例を見てみましょう。上司の「カタチ」しか見ていない部下は、上司の「心変わり」に一喜一憂し、「なんでこんなに言うことがココロコロ変わるんだろう？」とストレスの塊《かたまり》になります。かたや上司の「ココロ」をつかんでしまった部下は、上司を面白いように掌の上でコントロールできるようになります。たとえば「上司の上司」の動きを先に見ておけば、一手先をつねに読めるようになり、ストレスがたまるどころか、毎日の仕事が楽しくてたまらなくなるでしょう。おまけにそうすれば上司にも喜ばれ、まさに「Ｗｉｎ‐Ｗｉｎ」という状況をつくり出すことができます。

- 三流の部下……上司の「心変わり」に一喜一憂する。
- 二流の部下……上司の「心変わり」から真の「ココロ」を読もうとする。
- 一流の部下……上司の「ココロ」を先読みし、掌の上で転がす。

こうした例にとどまらず、これまで述べてきた「ココロ」と「カタチ」、つまりWhyとWhatの違いに関して、現状どちらに関心が向いているかで二つの行動パターンが存在します。前者の行動パターンを取るのが「Why型人間」、後者が「What型人間」です。いまのあなたはどちらに近いでしょうか？　図16に両者の行動パターンをまとめてみました。チェックしてみてください。

これまでの知識重視の時代にあっては、いちいち「Why?」と問うよりも、決められたことを黙って実行する「What型人間」が求められていましたが、「地頭力」の重要な時代に求められるのは当然、「Why型人間」です。

「伝える」ではなく、「伝わる」が大事

「向こう側から考える」という仮説思考は、人と人との円滑なコミュニケーションにも応用できます。コミュニケーションでいう「こちら側」とは伝え手である自分のこと、「向こう側」とは受け手である相手（単数のこともあれば複数のこともある）のことです。仮説思考によるコミュニケーションでは、「受け手側にどういうメッセージが伝わればよいか」がすべての起点となりま

図16　あなたはどっちのタイプ？

Why型人間	What型人間
ココロ（本質）を見る	カタチ（表面事象）を見る
言われたことの理由を考える	言われたことをそのまま受け入れる
やる意味を考える	とにかくやる
与えられた仕事の目的を達成する、最善の方法を考える	与えられた仕事をいかにうまくやるかを考える

す。

　そもそも、コミュニケーションの目的は何でしょうか？　それは、受け手に的確にメッセージが伝わるということでしょう。コミュニケーションは相手があって成立するものであり、独りよがりのコミュニケーションはあり得ません。当たり前の話ですが、私たちの身のまわりでは、この基本が逆転しているケースがしばしば見られます。

　図17を見てください。

　コミュニケーションの本来の目的、つまり達成すべき最終ゴールは「受け手に適切なメッセージが伝わる」ことであり、伝え手（自分）自身が伝える方法は、コミュニケーションの手段の一つにすぎません。目的が達成できるのであれば、伝え手以外の第三者が伝えてもいいですし、受け手が自主的にメッセー

図17　逆転しがちな手段と目的

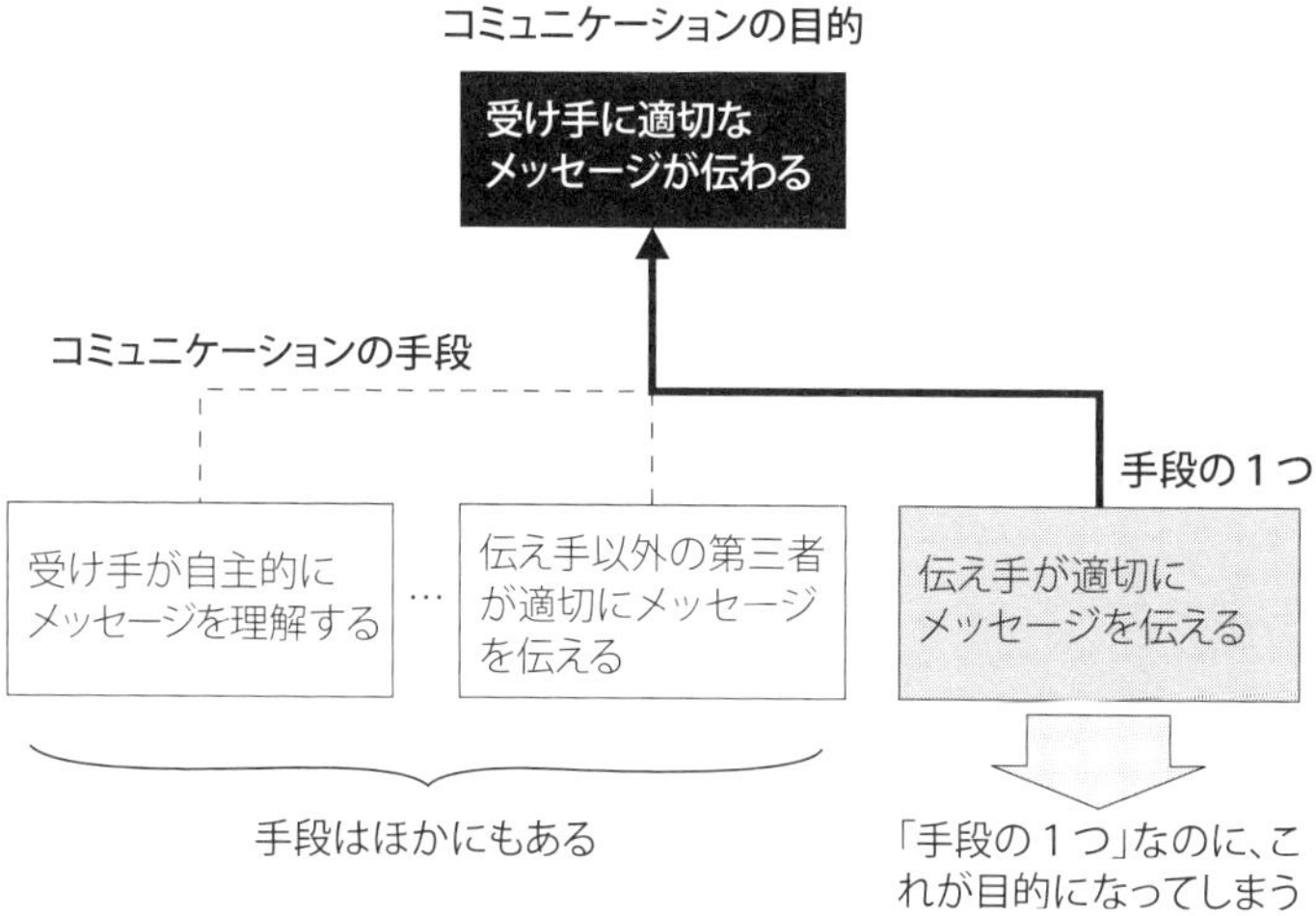

ジを受け取って理解につとめる方法も手段のうちです。ところが往々にして見られるのが伝え手側の論理でメッセージを伝えることに一生懸命になっている状況です。

実際、コミュニケーションを上達させたい人がすぐに飛びつくのが、「伝え方」のノウハウです。文章の書き方、プレゼンテーションのやり方といったことです。これらは、前記のコミュニケーションの目的を十分にわかっていれば問題ありません。しかし、そうでない場合は、下手にテクニックだけを覚えるとかえってタチが悪く、「相手はどうして理解できないんだ」などと、理解されないのを受け手側のせいにしてしまいます。

「受け手が神様」であることを徹底的に認識することがコミュニケーション上達の第一歩、そしてすべてだと思います。伝わらなければ、いかにうまく伝えても何の意味もないのです。

メールでわかるコミュニケーション力

コミュニケーションにおいて「こちら側から」考えているか、「向こう側から」考えているかは、電子メールの使い方にもあらわれます。[10]

図18を見てください。ここで比較しているのは、電子メールでコミュニケーションしているときに「こちら側から」考えている（ベクトルが逆転していない）人と「向こう側から」考えている（ベクトルが逆転している）人との姿勢の違いです。根本的な考えとして違っているのは、ベクトルが逆転している人は「自分が一生懸命伝えているのに、ほとんど伝わってはいない」という前提で考えていることです。

ここに、「比較的仕事のできる」人の陥りがちな罠《わな》があります。

「こちら側から」考えている人は、「自分はちゃんと人のメールを読んでいるんだから、相手も読んでいて当然。あるいは、そうあるべき」と勝手に決めつけてコミュニケーションしがちで

10　いまでは個人間のやり取りではＬＩＮＥ等のＳＮＳ、仕事でもＳｌａｃｋやメッセンジャー等のメッセージングアプリが主流になりつつあります。一文が短く頻度が高くなるという形でコミュニケーションが細切れになるため、このような時代ではさらにこうしたスタンスが求められてくるのではないでしょうか。

図18　コミュニケーション力の差が出る電子メール

	コミュニケーションの初心者の認識	**コミュニケーションの上級者の認識**
メールを送った	「読んでいるもの」として行動する	「読んでいれば儲《もう》けもの」という前提で行動する
メールをccで送った	「ccという位置づけで読んでいるもの」として行動する	「まったく読んでいないもの」という前提で行動する
「了解です」ともどってきた	相手はこちらの内容を100%理解し、合意した	相手は少なくともこちらからメールを送ったことを確認した（内容を理解しているかは別）
具体的内容に関するコメントがもどってきた	コメントしていないところはとくに問題ないと解釈された	少なくともコメントがもどってきたところは理解された（その他の部分は不明）

こちらが言ったことは基本的に**伝わっている**というスタンス

こちらが言ったことは基本的に**伝わっていない**というスタンス

す。そして伝わっていないことがわかると、いかに自分が適切に「メールを送った」か、何度も同じことを「伝えた」かを主張します。じつは、電子メールにかぎらずコミュニケーション上のトラブルの多くは、この構図の上で起こっています。

先のコミュニケーションの「目的」と「手段」の逆転の話を思い出してください。伝え手が「いかに正しいか」の証明をしはじめてしまうケースは、コミュニケーションの誤解が生じた際に非常によくある話です。「コミュニケーションでは受け手が神様」「伝わらなければどんな手段を使っても何の意味もない」という原則を理解していれば、これがいかに実のない議論かがおわかりいただけるでしょう。「伝え手が正しい」ことを証明する必要があるのは、訴訟などの公式な争いになった場合の証拠としてのみです。通常のコミュニケーションでは、まったく意味がないことであると肝に銘じておくべきだと思います。

相手はこちらの言ったことなど、ほとんど理解していません。それ以上に、自分は相手の言ったことを本当の意味で理解していないものです。

コミュニケーションの基本は「時間をあけずに何度も」

いかに伝わっていないかを徹底的に認識すること。このコミュニケーションの基本を考えれば、短いサイクルで頻度《ひんど》を上げ、相手の理解度をつねに計って軌道修正をかけながら進むのが正しい方法となります。

図19　「ちゃんとできてから」は百害あって一利なし

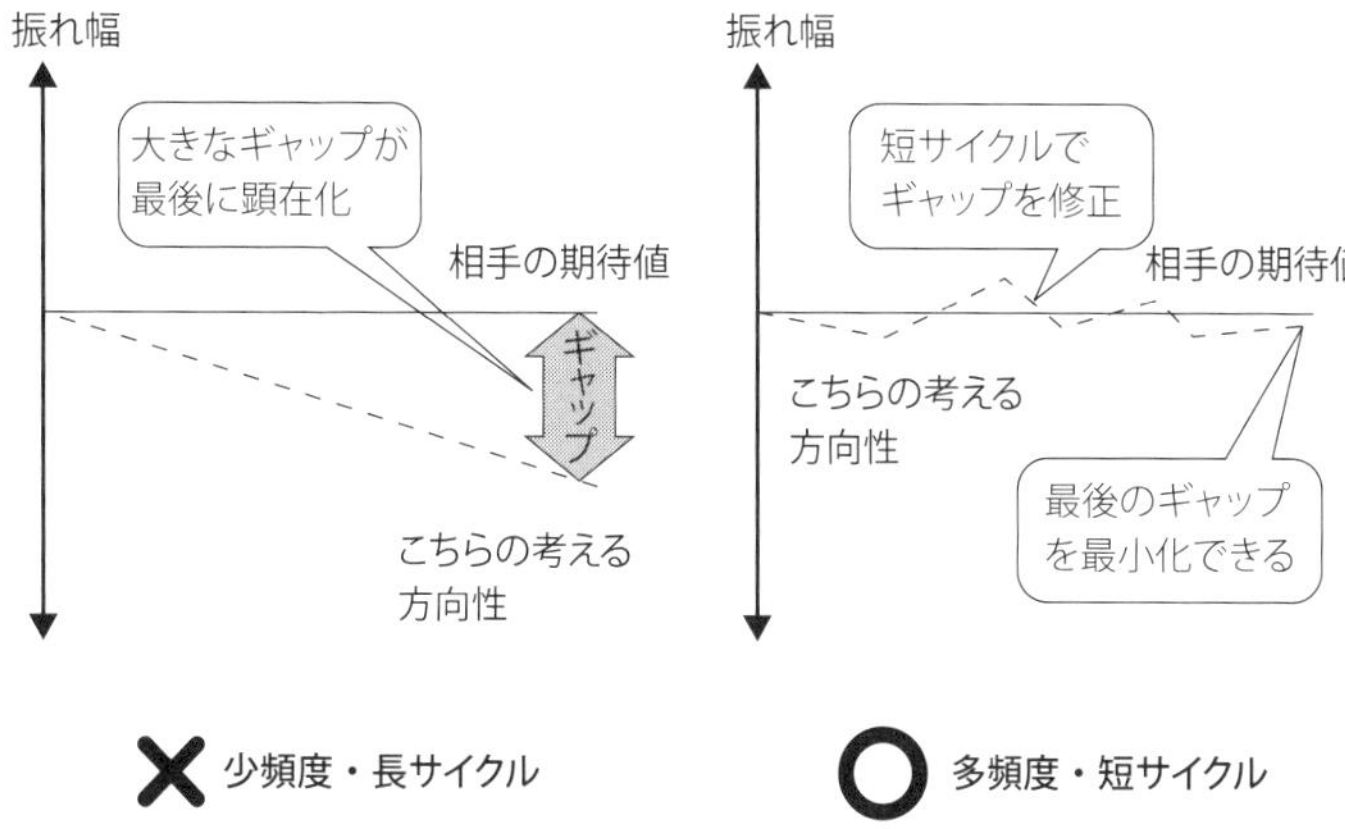

ところが、実際には、上司への「ほうれんそう」（報告・連絡・相談）を実行するときにも「もう少しちゃんとできてから」とか、「納得いく出来になっていないから」という理由で、ついつい報告が遅くなるケースが多いのではないでしょうか。もちろん、報告の対象が、顧客などの対外的な相手である場合は、このような方法をとるほうがよい場合もあるでしょう。しかし、「上司と部下」の関係において、こうした考え方は百害あって一利なしだと思います。

図19に、コミュニケーションにおける「こちらの考える方向性」と「相手の期待値」のギャップを時系列で示しました。

私たちは「相手の期待値」を一〇〇パーセント確認し、それを共有した状態で事を運ぶことはほとんどなく、双方曖《あい》昧《まい》なままで進めていくケースが多いと思います。こういう場合に、「ちゃんとできてから報告しよう」という考えは非常に危険なのです。

まず、「ちゃんと」というのは、何をもって「ちゃんと」というのでしょうか。

これは独りよがりの「ちゃんと」であることが多く、「自分にとってちゃんとした」状態でやったことが、「相手の期待値」とかけ離れたものになっている可能性が非常に高いのです。とくに、初めて一緒に仕事をする人や、手の内がわかっていない人同士で仕事をするときには、十分に注意しておかなければなりません。

こうした場合には、「生煮えの状態」でもいいので、「多頻度・短サイクル」でコミュニケーションを取っておけば、「同じ成果物を見ながら」お互いのギャップを認識し、軌道修正をかけていくことができるのです。

上司側にも責任があります。完成度よりも短サイクルでのレポートを奨励する雰囲気を醸成しておくこと。これは職場コミュニケーションの基本でもあります。

「兵は拙《せつ》速《そく》を旨《むね》とせよ」を前提にする

「結論から考える」という仮説思考力を語る上で、大前提となる「哲学」があります。それは、「兵は拙速を旨とせよ」という孫子《そんし》の兵法の教えです（ここでいう「兵」とは戦争を意味します）。

原文を借りていうと、「兵は拙速なるを聞くも、いまだ巧《こう》久《ひさ》なるを睹《み》ざるなり」。

これを要約すれば、戦争においても重要なのは作戦が多少まずくても短期で終わらせるべきであり、長期戦に持ちこんで成功した例はないということです。日常生活やビジネスにも、こうした発想が重要なのではないでしょうか。

これは、私が駆け出し社会人の時代に当時の上司から言われた言葉です。詳細な状況は忘れましたが、おそらく「完璧主義」に陥った私がいつまでも結果を出せないでいることに対しての、戒めの言葉ではないかと思います。いまはそのココロがよく理解できます。

同様に、仮説思考の前提となるのが、「正確であること」に縛られてはいけない、ということです。

「超△△法」で有名な経済学者の野《の》口《ぐち》悠《ゆ》紀《き》雄《お》氏は、著書『「超」経済脳で考える』（東洋経済新報社）の中で「正確に誤るよりは、漠然と正しくありたい」というジョン・メイナード・ケインズの言葉を引用して、「正確すぎるが何の役にも立たない」議論を戒めています。

同氏によれば、こうした「数字はおおよそ正しければよい」という発想は「エンジニアの発想」であって、当時の大蔵省で周囲にいた法学部出身の同僚たちにはこうした発想がなかったと述べています。

もちろんこれはケースバイケースであって、私たちの日常生活でも「正確性」を優先して十分な精度が得られるまで時間をかけることが要求される場面と、「正確性」は二の次でも「六五点の」結論を出してスピーディーに先に進むことが要求される場面があります。

ただし、実際には日常生活でもビジネスの現場でも、圧倒的に後者の場面、すなわち「正確に誤るよりは漠然と正しくありたい」ことが要求される場面のほうが多いのではないかと思います。人は必要以上に正確性にこだわって、すばやい結論を犠牲にしてしまっているのではないかと思います。これはとくに、効率よりも完璧主義が求められてしまう環境や組織において多く見られる現象です。

最初に「六五点」を目指す

完璧主義は、仮説思考で「向こう側に」離れることを阻害する最も強い求心力となります。「いまの情報で仮の結論を考える」が仮説思考ですが、完璧主義に陥ると、この発想ができなくなります。そもそも不確定なことを考えるのですから、「だめな理由」や「できない理由」をあげようと思えばいくらでもあげられます。

だめな理由、できない理由からの呪縛を打ち破らなければ、仮説思考ができるようにはなりません。完璧な解答や正しい解答にこだわって「そんなの無理だ」とあきらめるのか、それとも、まずは「六五点」の答えを出してから先に進もうとするのか。どちらの発想をするかによって、結果は大きく違ってきます。

とくに、「もともと正解がない」ことに仮説思考で取り組む場合には、「だめな理由」「できない理由」は大きな阻害要因となります。

図20　完成が近いのはどっち？

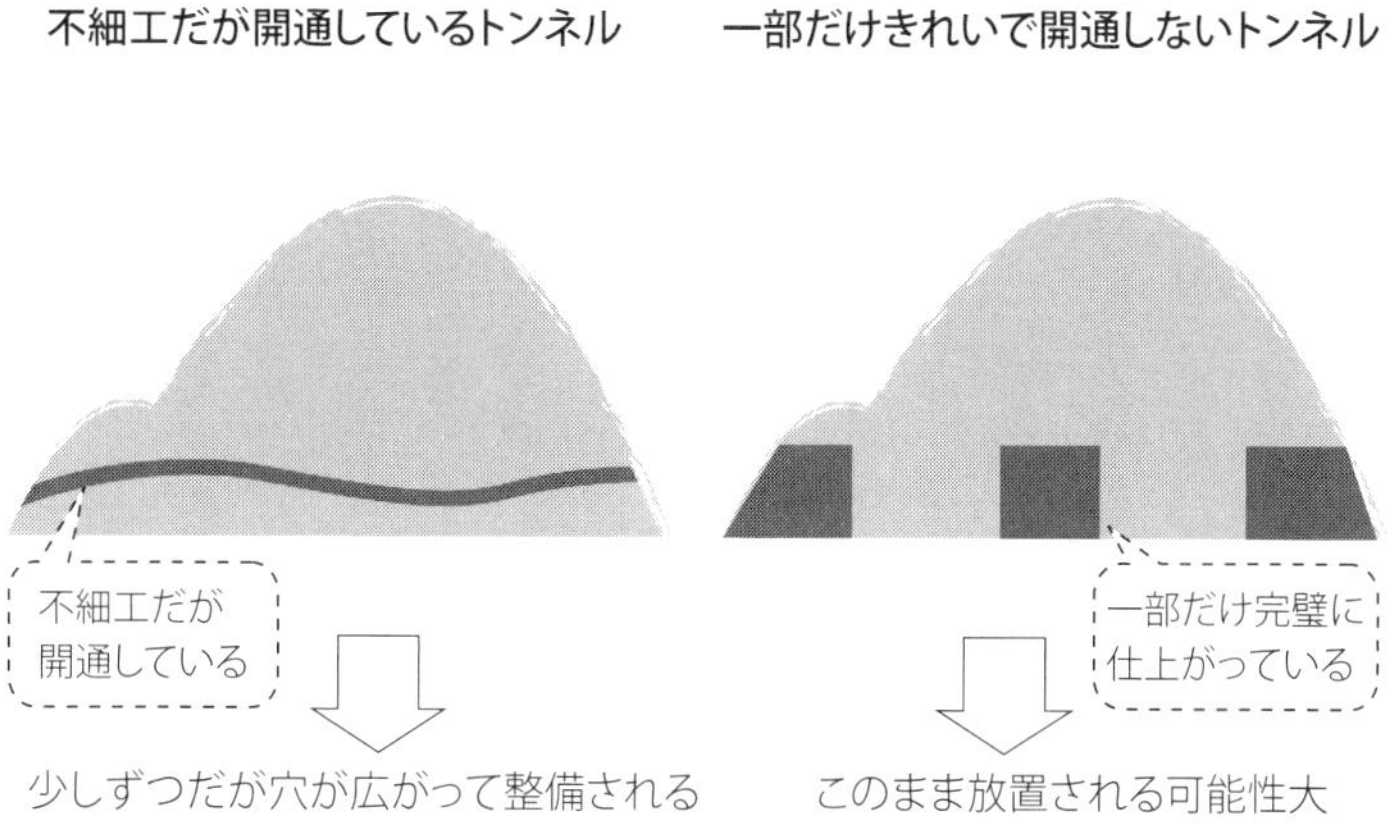

不《ぶ》細《さい》工《く》でもいい、まずはトンネルを開通させる

仮想的に、どこかにトンネルを掘ることを考えてみましょう。大がかりな工事ではなくて、たとえば山の中で生活しなければならなくなって裏山に数メートルぐらいの簡単な穴をあける程度のものと思ってください（図20）。

大きく二つのアプローチがあるでしょう。

一つ目は、まず小さな穴でもいいから格好を気にせずにどこかを開通させてしまうというものです。この場合には、はじめにあけた穴を通してまずは活用がはじまり、徐々にその穴が広がって活用度が上がり、いつの間にかトンネルができあがります。

二つ目は、「完璧な精度で」部分的に掘りはじめるということです。この場合、時間がなかったり、途中で予算が変わったりという理由で、「トンネルが最後まで完成せずに途中で放置されてしまう」という可能性が高くなります。

考えてみると、私たちの身のまわりには「掘りかけのトンネル」があちらこちらに見られます。たとえば、「道具から入って」長続きしなかった語学の教材や健康器具などがあります。これらは、「やるなら完璧にやろう」と思ってスタートし、結局は「トンネルが開通しなかった」わかりやすい例ではないでしょうか。

また、大きな組織では、個々人の担当する領域が明確に分かれているために、自分の担当分はきれいに掘って仕上げているが、他人の担当領域は知らんぷりで、結果としてトンネル全体が開通せずに終わってしまうことがあります。こうした例は枚挙にいとまがありません。

「一〇〇点をねらって結果として〇点になる」のか、「まず六五点をねらってそこから精度を上げていく」のか。その違いがおわかりでしょうか。

正解依存症だから前に進めない

私たちは日常いろいろな場面で「意思決定」、つまり方向性の決定や選択などを行っています。ビジネスの場での投資の意思決定ももちろんですが、日常生活でも、買う／買わない、行く／行かないなど、意思決定の場面はいくらでもあります。

意思決定をしなければならない場面でよく聞く言葉が、「情報が足りないのでもう少し集めてから決めよう」というものです。

これもまた、仮説思考を妨げる「阻害求心力」の一つになります。私たちは不確定な将来を予測するときに、情報不足のためについ、リスクのほうにばかり日が行ってしまい、「向こう側に離れる」ということができなくなってしまいます。この阻害求心力に打ち勝って離れることができなければ、仮説思考はあり得ないのです。

別の見方をすれば、阻害求心力に従ってさえいれば、ある意味、楽をすることができます。楽をしている人はとかく、「向こう側に離れる」発想をしている人に対して、多くのリスクをあげて、「だから無理だよ」「やめたほうがいいよ」などと止める側にまわります。

しかし、阻害求心力に打ち勝たなければ、永遠に目的地にたどり着くことができません。情報ばかり集めて先に進めない人、つまり仮説思考力を発揮していない人が陥りやすい穴です。

こういうタイプの人は、「正解依存症」であるともいえます。「これが正解」という太鼓判を押してもらわないかぎり、先に進もうとしません。こうした思考回路でいるかぎり、情報を集めたら集めたで、それが不安材料となり、情報を集めれば集めるほど不足感が募っていくものです。

要は、いまある情報で「腹をくれるか」ということ。仮説思考とは、阻害求心力に打ち勝って自分を向こう側（仮の目的地）に置くことによって、限られた時間で最も効率的に最終目的地にたどり着くための思考法なのです。

いま、すぐ「結論から」考えるための七項目

①三年後の自分像を紙一枚に描いてみる（絵が不得意な人は箇条書きで一〇項目あげてみる）。
②「人間くさいカーナビ」が身近になかったか、思い出してみる。
③切羽詰まって後ろから考えた経験がなかったか、思い出してみる。
④自分の「人生の目覚まし時計」は鳴っているか、再確認してみる。
⑤上司の言うことが前日と変わったら、あわてず騒がず背景（ココロ）を読む。
⑥「自分の言っていることをいちばん理解していない」と思う人を思い浮かべて、「わかっていないのは自分ではないか」と疑ってみる。
⑦「六五点主義[11]」を実践し、掘りかけで止まっているトンネルの開通に、いま、すぐ着手する。

11　いま考えれば「六五点」でも高すぎで、不確実性が高い状況下では「二〇点」でもよいぐらいです。

2 全体から考える「フレームワーク思考力」トレーニング

フレームワーク思考力チェックの解説

ここでもまず、自己診断表の説明をしましょう。25ページにあげた項目はすべて、「全体から考える」というフレームワーク思考ができていない人の現象です。つまり、すべてNOであれば一〇点満点で、すでにあなたはフレームワーク思考の達人です。

●YESが二個以下……フレームワーク思考力　A級
●YESが三〜六個……同　B級
●YESが七個以上……同　C級

このチェックリストは、「全体から考える」というフレームワーク思考を行う上で、「上空に離れる」（全体俯瞰をする）ことを妨げる「阻害求心力」の強さを見るものです。

全体俯瞰をする上での阻害求心力とは、自己中心主義（③）、視野狭窄（⑤⑧）、先入観（⑥⑦）、虫食い型の発想（①②④⑨⑩）などです。

以下、これらの問題点と克服するメリットを解説していきます。

目的は「思いこみをリセットして考える」こと

「フレームワーク」という言葉はいろいろな形で用いられ、唯一絶対という定義はありませんが、本書での「フレームワーク思考」は、「全体から考える」こととし、次のような大きく二つのプロセスからなるものとします。

①対象物の全体を俯瞰して「外《そと》枠《わく》を押さえる」。

そのあとに、

②全体の枠をさらにある特性に従って「分類・分解する」。

本書ではとくに、「全体から考える」ことに直接関係する①を中心に、具体的なイメージを解説していきたいと思います。

世の中でいわれている「フレームワーク」は、②のステップの「分類の仕方」に焦点をあて、その分類方法やテンプレート（ひな型）などについて語られることが多いのですが、②を行う上での大前提が、①の「外枠を押さえる」こと、あるいは「全体から考える」ことであり、これなしでは分類そのものに意味がありません。そこで、①に力点を置くとともに、「全体から考える」必要性について詳しく説明することにしました。

まずは図21を見てください。これが「全体から考える」フレームワーク思考の第一ステップ

図21　「上空に」離れるフレームワーク思考

のイメージです。地上にいる自分から「幽体《ゆうたい》離《り》脱《だつ》した」もう一人の自分が高い上空にいて、そこから自分のいる世界全体を見ているイメージです。私なりに「フレームワーク」をひとことで表現すると、「共通の地図」になります。

あたかも上空から地図を見るように、自分自身も含めた対象を客観的かつ全体視点で眺めてから問題解決に着手するのです。これによって、知らず知らずのうちに持つようになってしまった思いこみを極力少なくした状態で、問題に取り組むことが可能になります。

②の「分類・分解」は、全体を俯瞰して得た全体像の地図を「領域別に分割する」というイメージです。ここでいう「領域」は、「ある性質ごとに分解された構成要素」といったものです。性質の異なるもの同士を別々に分

割することによって、その後の取り扱いを効率的に行うことができます。

フレームワーク思考の目的は、「思考のクセをなくして考える」ということです。「思考のクセ」は、前述したように、私たちが知らず知らずのうちに持つようになった独自の視点や思いこみをさします（76ページ参照）。

長年同じ会社や業界にいると、その会社や業界なりの思考のクセが染《し》みつきます。社内や業界内の人たちだけと接触している分には、そのクセはむしろ心地よいものかもしれませんが、異なる会社や業界の人とのコミュニケーションでは障害となります。また、既成概念を打ち破るような新しいことをしようとしたとき、思考のクセがあると、これまでの延長の発想しか出てきません。

そこで必要となってくるのが、フレームワーク思考です。全体から考える思考は、他者とのコミュニケーションを円滑にするとともに、既存の常識にとらわれない新しい発想を生み出します。

三つの座標系を意識する

では、そもそもなぜ全体から考える必要があるのでしょうか？　それは、先述の「阻害求心力」とも関係するのですが、私たちはコミュニケーションをするときに無意識のうちに自分にしかわからない「部分しか見ていない視点」で話したり書いたりしてしまうからです。これを克服して関係者が全員誤解のないようにコミュニケーションするためには、だれもが共通にできる「全体像」を共有した上で話をはじめることが必要になるのです。

私たちは他者と話したり文書を作成したりするときに、無意識のうちに個人の視座（立ち位置）・視点（見る方向）・視野（見る範囲）を前提にしています。これらを広い意味での「座標系」と捉えると、大きく二つのものがあります。それは「絶対座標」と「相対座標」です。数学が苦手な人には拒絶反応がある言葉だと思いますが、中身は簡単です。要は「だれが聞いても誤解がない万人に共通のものの見方」が絶対座標、「本人にしかわからない自己中心的なものの見方」が相対座標です。

ここでいう座標や座標系は、数学でいう厳密なものではなく、ものを見るときの視座・視点・視野の組み合わせや、物事を見たときの解釈の仕方といった「ものの見方」をイメージ化したものです。

地図を例にとるとわかりやすいかもしれません。

日本地図や道路地図など、市販されている地図は「だれが見ても同じ理解ができる表現・表記」で描かれています（絶対座標）。一方で、日常の中で、他の人に位置を教えるために私たちが自分で描く地図は、必ずしも万人が見てわかるものではありません。最寄りの駅からのスタートを前提として詳細を省略して描いたものだったり、ひどい場合は、自分にしかわからないような地図を描き、口頭での補足なくしてはだれも理解できないこともあります（相対座標）。

こうした「絶対座標」と「相対座標」がある中で、コミュニケーションを円滑にとるためには、「三つの座標系」を意識しておく必要があります。①絶対座標系に加え、相対座標を大きく二つに分類し、②話の伝え手である「自分」の座標系（本書では「Ｍｅ座標系」と呼ぶ）と、③受け手である「相手」の座標系（本書では「Ｙｏｕ座標系」と呼ぶ）です（図22）。

どの座標系を使う傾向が強いかは、人によってクセがあります。それによってコミュニケーションのとり方の上手下手が左右されてきます。

Ｍｅ座標系、Ｙｏｕ座標系、絶対座標系

三つの座標系は、私たちが日々のコミュニケーションをするときに無意識のうちに使い分けられています。その特徴を整理したのが図23です。

①Ｍｅ座標系によるコミュニケーション

文字どおり、「自分中心」のものの見方です。ほとんどの人に、この座標を使う傾向が見られると思います。自分の経験や価値観をもとに話すという特徴があります。その傾向が強い人にはさらに、「他の座標系が存在することすらまったく意識していない」という特徴が見られます。

このタイプの人にフレームワークを使った話をするときには、非常に困難が伴います。なぜなら、フレームワーク思考というのは「全体としては最適になっているが、個人としては最適でない状態」であるからです。

図22　コミュニケーションの「3つの座標系」

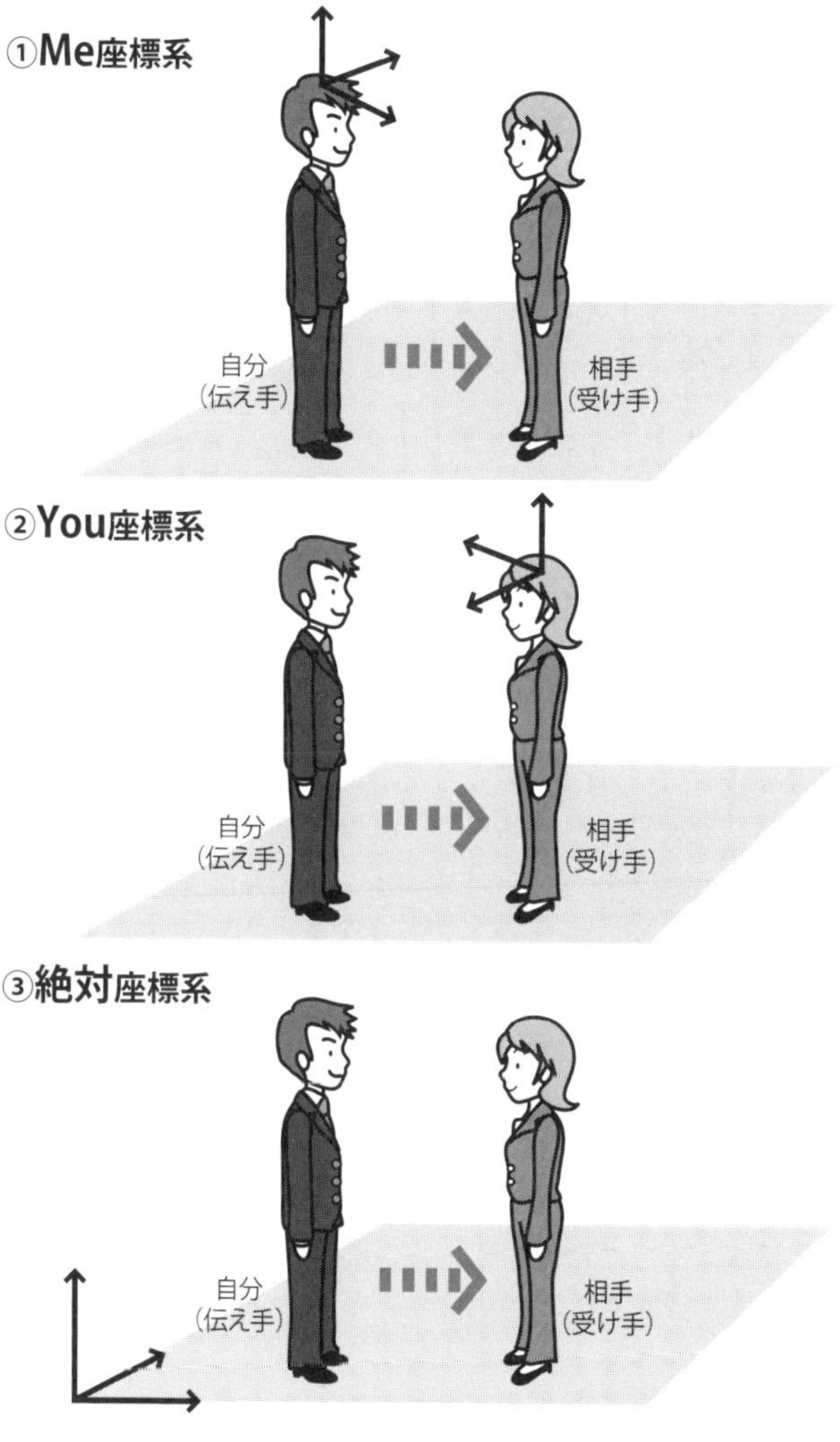

また、このタイプの人たちには、「部分」「全体」という概念すらありません。自分にとって都合のいいものの見方で解釈するのがすべてであり、そのような人にとっては、「万人がわかりやすい」ものの見方で話されるのは、「うざい」となります。

個性が強く「しゃべりまくる」人に、この傾向が見られます。相手がわかっていようがいまいがお構いなしで、自分のペースで話し続けます。このタイプの人のコミュニケーションには、「相手の理解度を確認する」という行為がほとんどありません。そのためもあって、このタイプの人は、「口頭の」コミュニケーションを最重視します。

否定的な部分ばかり見てきましたが、じつはこのタイプには強みがあります。それは「他人をひきつける」ということです。「△△ワールド」などとよくいわれますが、その人の世界が面白く魅力的なものである場合には、このコミュニケーションスタイルでリーダーシップを発揮し、人がついてくるというメリットがあります。人気タレントやカリスマ経営者などには、この長所をうまく使っている人たちが多数います。ただし、そういう魅力がなければ、このタイプの人は単なる「ジコチュウ」あるいは「勘違い野郎」で終わってしまいます。

②Ｙｏｕ座標系によるコミュニケーション

Ｍｅ座標系とは逆に、つねに相手の座標軸に入りこんでコミュニケーションするスタイルです。このスタイルの長所は、相手にとっていちばん心地よいものであることです。相手にしてみれば、「話を合わせて」くれるわけですから、これほど気持ちのいいことはありません。半面、

図23　「座標」によって大きく違ってくるコミュニケーション

	Me座標系	You座標系	絶対座標系
コミュニケーションのスタイル	「自分の世界」で独善的に話す	「相手に合わせて」話す	全員がわかる「地図」上で話す
長所	● 感情に訴える ● 人をひきつける	● 感情に訴える ● 特定の相手に強くアピールする	● 誤解をなくし、あと戻りを最小化できる ● さまざまな視点で話せる ● モレのない議論ができる
短所	●「思いつき」に流される ● 他人には理解されない ●（よほど本人に魅力がないと）つまらない	● 相手に流されやすくなる ● 一度に複数の相手には使えない	●「地図を用意する」手間がかかる ● 無味乾燥になりがち
向いている場面の例	● リーダーシップの発揮 ●「個人の魅力」で動く組織活動	● 特定の個人相手の会話（とくに相手がMe型の場合）	● 多数メンバー間の会話 ● 会議の進行
向いていない場面の例	● 話し手の個性が理解されていない状況（初対面時など）	● 多数メンバー間の会話	● 個人がリードする組織・グループの活動（まどろっこしくなる）
得意な人の例	● ワンマンリーダー ● タレント ●「熱い」人（思い入れが強い人）	● 営業マン ●「よいしょ」型の側近 ● Yes マン	● 司会者 ● ファシリテーター（会議進行・意見調整者）
得意な人の特徴	● 口頭で熱く語る ● 人の話を聞かずに会話を独占する	● すぐに話を人に合わせる ●「おだてる」のがうまい ● 自分の意見を持っていない	● 聞き上手 ● 図解がうまい ● 図表などを使って「１つの絵の上で」話す

このスタイルの短所は、複数の相手に対して一度にやるのが難しく、一人の相手（あるいはほとんど同じ「座標系」を持った人たち）にしか通用しないことです。また、「相手の座標系に入りこむ」ことは実際にはできないので、より厳密にいうと、「入りこんだふりをして」、話を合わせているだけということになります。

③絶対座標系によるコミュニケーション

参加しているだれもが共通に会話できる「土俵」を用意し、その上でコミュニケーションをするスタイルです。この「土俵」に相当するものが後述する各種フレームワーク（159ページ図33参照）ということになります。このスタイルのメリットは、座標系の異なる参加者間で誤解を最も少なくし、あと戻りのない効率的なコミュニケーションが可能になることです。逆にデメリットは、だれにとってもわかる座標系である分、だれにとっても最適な（つまり自分の思考回路に完全に合った）ものではないということです。したがって、このメリットが理解されないままフレームワークを使うと、とくにＭｅ座標系の人には「まどろっこしい」という印象を持たれることになります。

すべての人は多かれ少なかれ、これら三つのコミュニケーションスタイルを無意識のうちに組み合わせながら会話をしています。そしてこの中で、地頭力、とりわけフレームワーク思考力に必要な視点が、「絶対座標で物事を考える」ということなのです。

アンジャッシュを見て「三つの座標系」を学ぶ

私たちの身のまわりで起きているコミュニケーションギャップを、この「三つの座標系」を用いてものの見事にモデル化して表現しているお笑いコンビがいます。それがアンジャッシュです。アンジャッシュが得意とする「すれ違いネタ」で表現されるコミュニケーションギャップは圧巻です。[12]

たとえば『相席《あいせき》』というコントでは、麻薬密売人と警察官がお互いを「同業」と勘違いすることによって、同じ言葉が、異なるバックグラウンド（つまり座標系）を持つ二人にまったく違うように解釈されながらも、表面上では会話がなんとなく成り立ってしまっているという状況が見事なシナリオで表現されます。その一部を紹介しましょう。

麻薬密売人を追っている若手警察官が、その密売人と待ち合わせをしている別の密売人とひょんなことから喫茶店で「相席」になり、お互いを「同業者」であると勘違いします。

12　この当時「エンタの神様」を中心としたお笑いブームの輪の中にいた人気コンビの一つがアンジャッシュでした。お二人とは本書をきっかけに雑誌で対談等させていただきました。その後のお二人の活動については皆さんご存じの通りです。

警察官「先月あった横浜港での巨大麻薬密売組織の取引のこと知ってます？」

密売人「いや知ってるも何も……オレその場所にいたよ」

警察官「僕も横浜港いたんですよ、あのとき！」

密売人「おまえもいたのか？」

警察官「なんだあ！」

密売人「ほぉ、そっかぁ」

警察官「なんかあのときは、間一髪《かんいっぱつ》のところで逃げ**られ**（受動態）ましたね」

密売人「うん、間一髪のところで逃げ**られ**（可能動詞）たな……」

警察官「逃げ**られ**ましたね」

密売人「逃げ**られ**たな」

〈中略〉

警察官「すみません、なんでそんなさわやかな笑顔なんですか？　逃げ**られ**たんですよ！」

密売人「逃げ**られ**たのに、なんでそんな怖い顔してるんだよ!?」

二人の演じる異なる座標系、そしてそれを「絶対座標」から見る観客の視点、この三つの座標系の構図は私たちの日常のコミュニケーションそのもので、ここで生じるギャップがデフォルメされながらも、うまく展開されます。

「全体から考える」というフレームワーク思考がない、自分勝手なMe座標軸だけの場合のコミュニケーションギャップや、それを構成する「三つの座標系」を学ぶのに、これほどの教材はありません。一見の価値があります（このコントを収めたDVDが発売されています）。

アンジャッシュのお笑いの真髄《しんずい》は「気づいていないこと」の滑稽《こっけい》さにあります。私たちのまわりに「アンジャッシュ」を演じている人たちがいないでしょうか。「ああ、そういえばこの前の△△さんと××さんのやりとりって、本人たちは気づいていないけどまったくかみ合っていないよね」とか、「この前の会議での課長と部長のやりとりは、笑えたよな」など、身のまわりの「喜劇」に気づいているとしたら、フレームワーク思考のマスターまでもう一歩です。「史上最強の喜劇役者」は、あなた自身のはずですから。

なぜ「おやじ」は「一五歳年上」なのかを考えてみる

ここで話を簡単にするために、各個人の持つものの見方、つまり「座標系」のうちで、ものを見るときの「尺度」を例にとって、これら三つの座標系が具体的にどう関連しているのかを見てみましょう。まず、尺度（スケール）の個人差がどういうコミュニケーションギャップを生むかを見てみます。

「おやじ」（あるいは「おじさん」「おばさん」）とは、何歳からを言うのでしょうか。

これなどは、「個人によってスケールが違う」ことの典型的な例なのではないかと思います。

以前にだれかが「『おやじ』というのは自分より一五歳（以上）年上の人のことだ」と言っていて、「なかなかうまい定義だ」と思った記憶があります。[13]

私自身の経験でいえば、社会人になりたてのころに、四〇歳ぐらいの先輩が「この前△△の会合に行ったんだけどさあ、みんなおじさんばっかで、やんなっちゃったよ」と話すのを聞いて、びっくりしたのをおぼえています。当時二〇代前半の私にとっては、話しているご当人が立派な「おじさん」だったからです。おそらくそこでの「おじさん」というのは、五〇代後半以降を指していたのでしょう。自分が当時の先輩の年代になったいまでは、その発言の趣旨がよくわかります。

考えてみれば、小学生以下の子どもにとっては、「ネクタイをしている人」はみんな立派な「おじさん」でしょう。「おじさん」という言葉の定義は各人が年を重ねるにしたがって、「自分より一五歳上」というスケールのまま推移しているのではないか、という理解が成り立ちます（図24）。

もちろん、実年齢と「精神年齢」「見た目の年齢」は違いますが、それらを実年齢として考えれば、この法則はかなりの精度で成り立つのではないでしょうか。

13　奇しくもまさに、いまの私は本書のオリジナル版刊行時からすると「15歳年上」になります。

図24　「おじさんの境界線」の移動

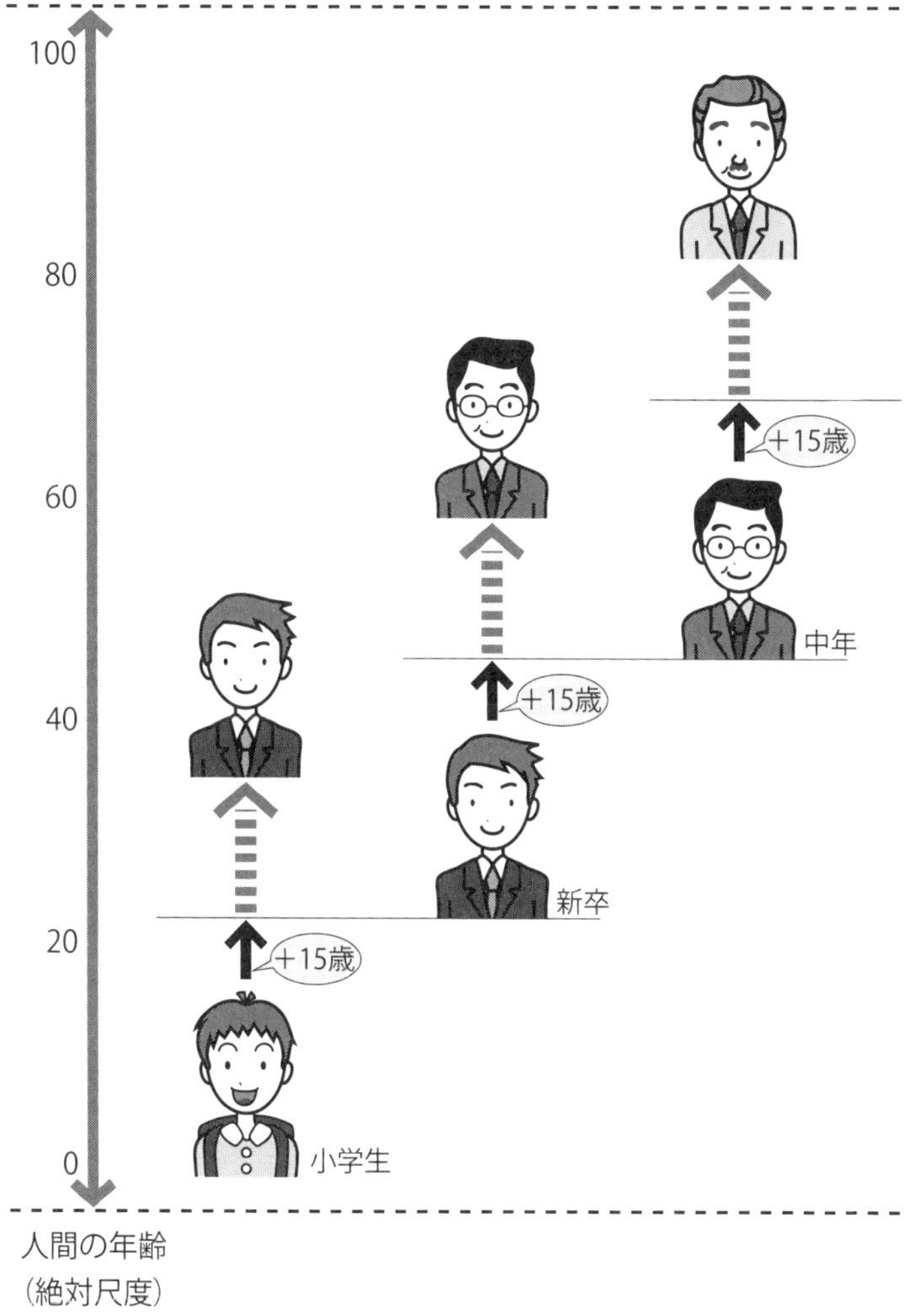

「いまの若い者は」と言いたくなる理由を考えてみる

「年齢とともにスケールが動く」といえば、一つ思い浮かぶことがあります。それは、中高年の会話によく出てくる「近ごろの若い者は」という言葉です。

ポイントは、ただの「若い者は」ではなく「近ごろの若い者は」と、自分たちの若いときは差し置いて「いまの」と断っているところです。こう言いたくなる「おじさんの心境」というのも、先ほどと同様のモデルで説明ができます。

一般に若いときは、ものを見る尺度が小さく、年齢を重ね、人間として成長するにしたがってそれは確実に大きくなっていきます（図25）。ところが、普通の人は自分の成長に伴うこの尺度の変化に意外に気づいていないのです。いつの時代も「おじさんの尺度」から見た若者のレベルというのは頼りないもので、「いまの若い者は」と言いたくなってしまうものなのでしょう。

私も四〇代になり、「説教をたれる」のが好きな年代に入ってきました。そして同世代から若者への不満を聞くたび、思い出すことがあります。それは、私たちの世代（バブル崩壊の数年前に就職）は、当時の先輩から「まったく理解できない」と言われ、「新人類」と呼ばれました（当時の「朝日ジャーナル」編集長・筑紫《ちくし》哲也《てつや》さんの命名といわれています）。この「新しい人類」という命名から、当時の「おじさん」たちの驚きやとまどいがどれほど大きかったかが感じ取れます。

その「新人類」の特徴としてあげられていたのが、「自分勝手」「無感覚」「シニカル」の三点で

図25　「おやじ説教」のメカニズム

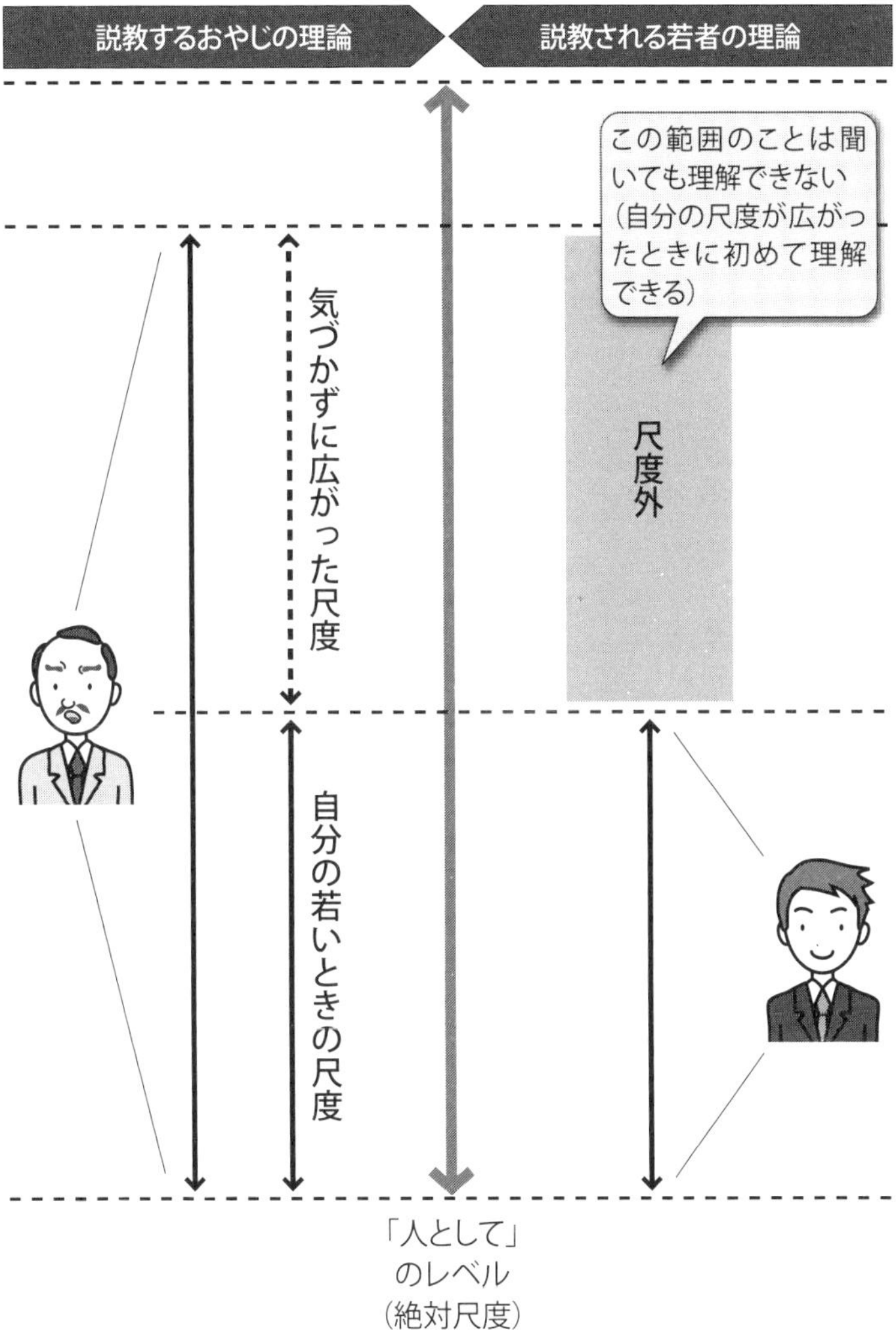

す。内容は少し違いますが、いま、若者のことを嘆いているおじさんたちも、若いころは似たようなものだったのです。

「訳がわからない」説教も聞いておく

この事例から、次の教訓が得られます。

①年配者の説教は「訳がわからなくても」、あとで役立つことが多い。

理解できないのは、自分の座標系の尺度がそこまで行っていないからです。一般的にいって、経験を重ねた年配者というのはより広い視野・尺度で話をしていることが多く、それが理解できないのは聞き手のほうがそれなりの視野・尺度を持っていないことによる場合が多いのです。「訳のわからないこと」は覚えておくと、自分の視野・尺度が広がったときに必ず役に立ちます。

②ただし、「自分の若いころは違った」の部分は無視してよい。

ほとんどの場合は、単なる錯覚であるからです。私たちは自分の成長による自分自身の視野や尺度の広がりに意外に気づかない（あるいは、都合のいいように解釈する）傾向があります。神様の絶対座標から見れば、年配者と若者の座標軸の違いなどは、太古の昔から同じ構図で起きているものなのでしょう。

相手の「期待値」を管理する

三つの座標系があること、相手と自分とでは異なる座標系を持っていることを意識しておくと、「期待値管理」にも応用できます。聞きなれない言葉かもしれませんが、私たちが生活していく中で、無意識に行っていることです。

お客様に対してサービスや商品を提供する場合、上司から指示された仕事をする場合、恋人との食事、家族サービスなど、相手に対して自分が多少なりとも努力をしてあげたい場合には、すべて最終的に「相手をどれだけ満足させられたか」が重要になってきます。そのときに往々にして起きるのが、自分としてはベストを尽くしているつもりが、相手は満足していないという事態です。下手をすれば、満足どころかクレームが来たりもします。

そうしたことが起こらないために必要なのが、「期待値管理」という考え方です。

当たり前のようで意識されていないのが、登場人物が二者（以上）いるということです。私たちはつい、「これだけ頑張ったのだから」という発想をしがちですが、「登場人物が二者いる」のですから、「自分が頑張る」ということと同じように必要なのが「相手の期待値を確認する」作業なのです。つまり、Ｍｅ座標系のみならずＹｏｕ座標系の存在を意識するということです。

最終的な満足度は、こちらが「頑張ってやった」と思っている値と相手の期待値との差で決まります。つまり、独りよがりの自分だけの座標軸だけで考えていてはうまくいかないということです（図26）。

また、相手の満足度を左右するのは、期待値の「大きさ」だけではありません。「方向」とい

図26　仕事にも恋愛にも必要な「相手の」期待値管理

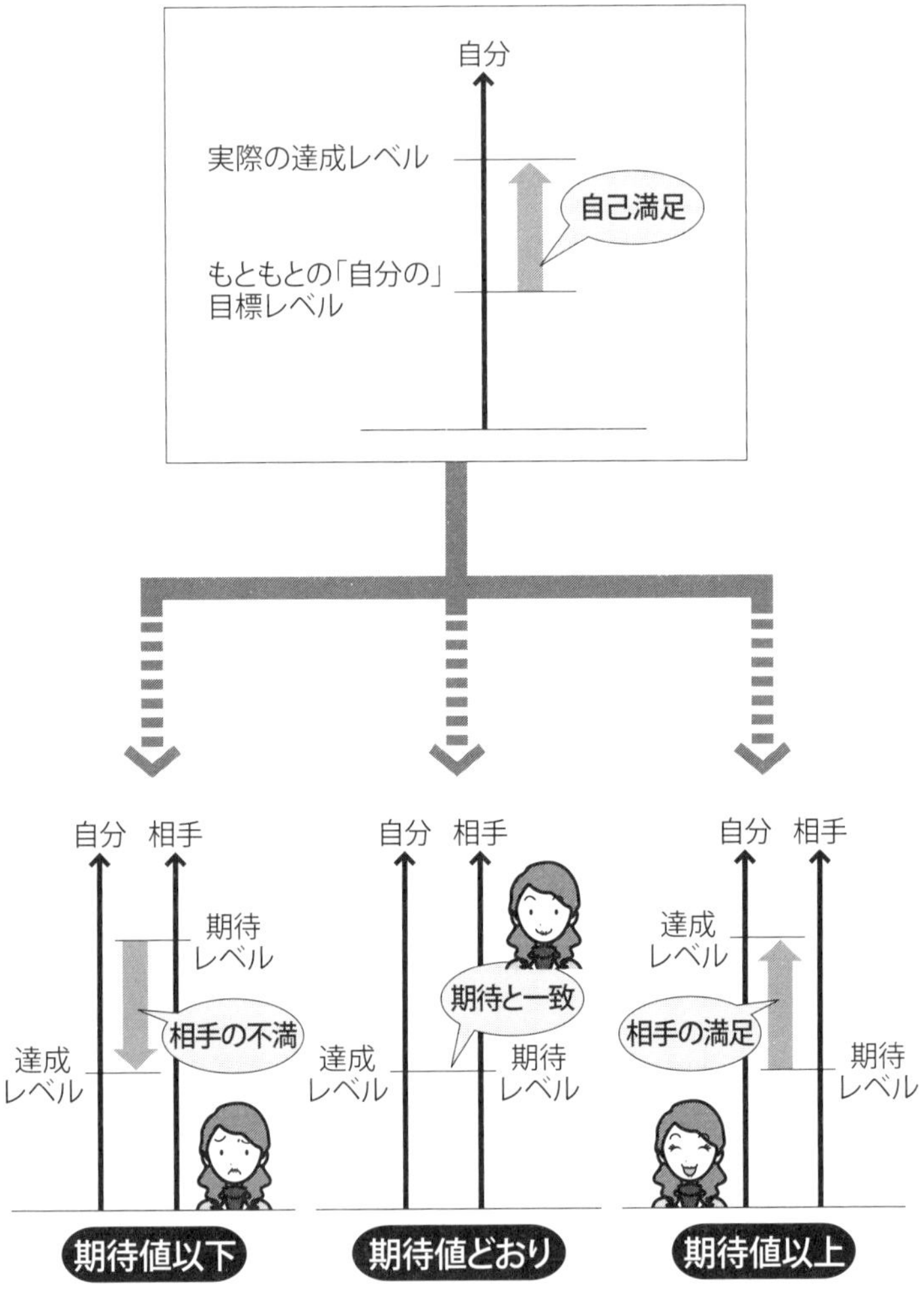

図27　「相手の」満足度は期待の「大きさ」と「方向」で決まる

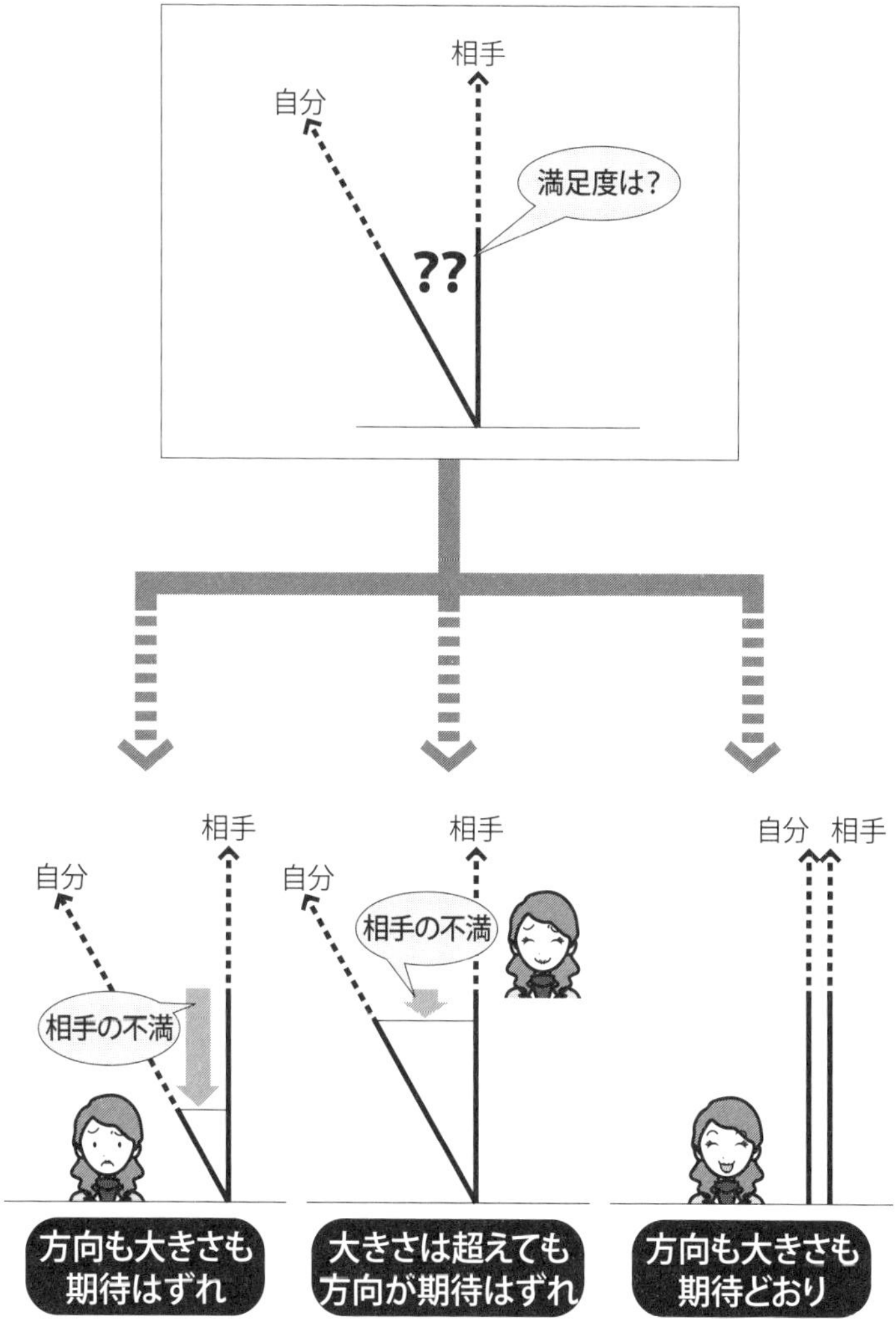

う要因もあります。「大きさ」と「方向」を持つものといえば、数学の授業で習った「ベクトル」があります。そのベクトルを使って、相手の満足度を表したのが図27です。

方向を誤らないためには、つねにお互いの「座標軸」を意識しておく必要があります。たとえ期待の「大きさ」に対する認識が一致していたとしても、「方向」がずれていては、相手の満足は得られません。なおかつ、「大きさ」も「方向」も時間とともに変化していきます。ついつい自分の側だけに目が向いてしまいがちですが、これらはつねにチェックしておく必要があります。

自分の行為に対する「相手の満足度」を上げるためには、①自分としてベストを尽くす、に加えて、②相手の期待値をしっかりと把握して管理することが同じくらい重要です。自分ではわかっているつもりでも、実際に②に割いている時間の配分比率は、下手をすると①の一割以下であったりします。

「私は正当に評価されていない」と思う理由を考える

人はみな一般的に、他人からの評価よりも自分の評価のほうが高いものです。だから会社や学校で他人からの評価を受ける場合、予想以上より予想以下という場合が圧倒的に多いでしょう。この原因もこれまでに説明してきた「座標軸」や「スケール」、あるいは「期待値」といった概念で説明することができます。

図28　「上司からの評価が不当に低い」と感じる原因

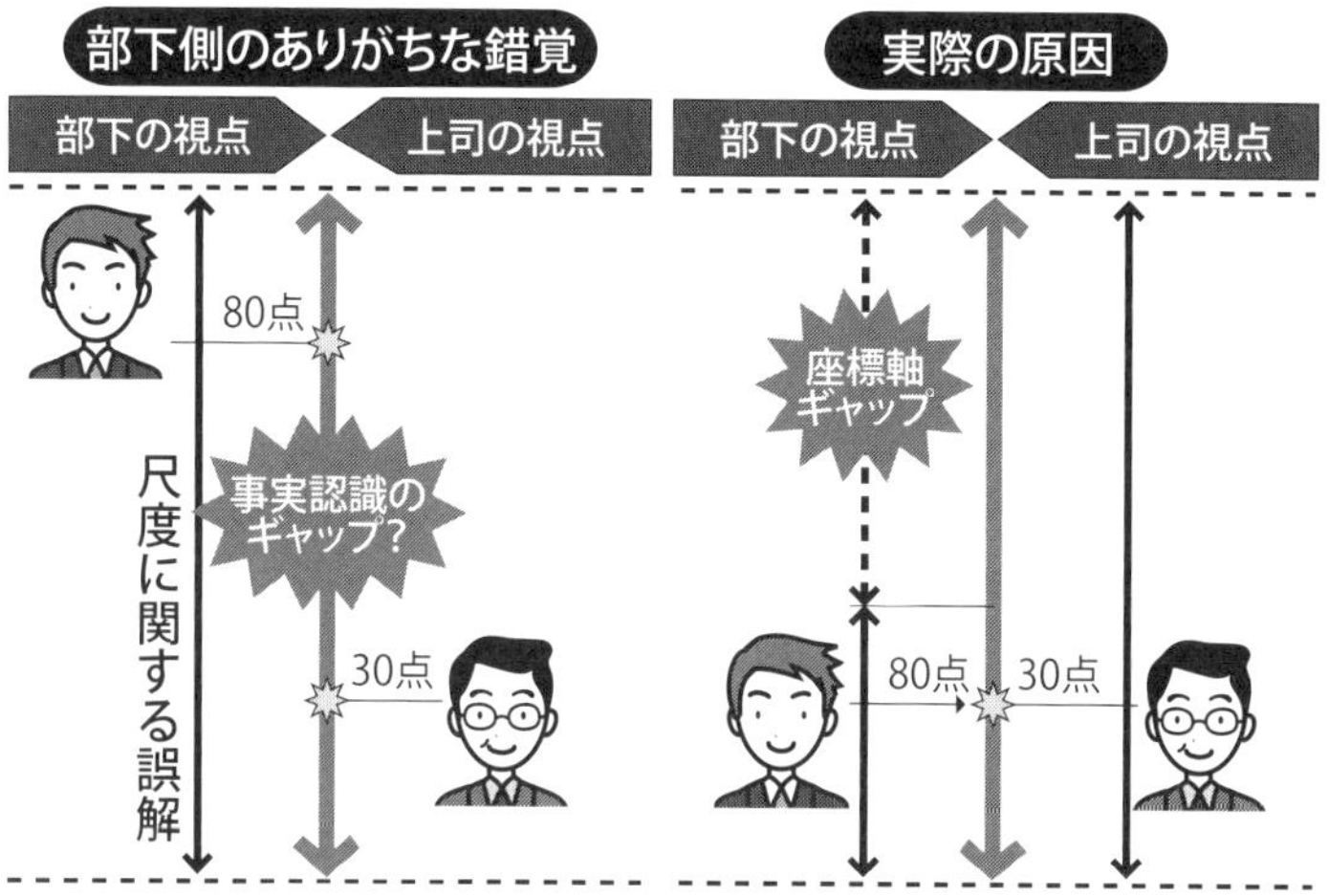

図28を見てください。左がよくありがちな認識で、低い評価をされた場合に同じ座標軸での上司の「事実認識」が不十分であって、自分では八〇点だと思っていたのが、上司からの採点は三〇点だといった場合です。言い換えれば、自分では八つ分評価されるべきことがあったと思っているのに、上司はそのうちの三つしか「気づいていない」と認識することです。

ところが、実際はそうではない場合がほとんどなのです。事実認識の違いによって評価に違いが出てくるわけではなく、同じ事実認識であるにもかかわらず、「スケール」の違いによって低い評価になってしまうのです。

一つ例をあげてみましょう。

お客様サービス担当のXさんは、この半年の自分の実績の評価について、マネジャーの

Yさんと話をしています。

Xさんはこの半年でお客様から四回のクレームを受け、その結果として三段階評価の最低であるC評価（標準以下）をもらいました。しかし、「四回のクレームのうち、後半の二回は自分の落ち度ではなく、特殊なお客様であった」と考えていて、「マネジャーは自分の行動をよく見ていない」という不満を持っていました。

一方、マネジャーの見方はどうでしょうか。「後半の二回のクレームについてはお客様側の落ち度もあって、Xさんの責任が一〇〇パーセントとはいえない」ことは十分承知の上で、C評価としていました。その理由は、「わずか半年で二回のクレームを受けている時点で致命的であるにもかかわらず、Xさんはそれに気づかず、三回目、四回目のクレームに関して自分の正当性を主張している」からです。それは「お客様サービスの重要性をわかっていない」証明であると、マネジャーは判断したのです。

こうした評価軸のズレは、どこの会社でもどこの家庭でも、あるいは学校でもよく見られる現象だと思いますが、いかがでしょうか。

「外枠を押さえる」が第一歩

ここまで、各個人が違うものの見方（座標系）を持っているために起きるコミュニケーションギャップについて見てきました。こうした「ものの考え方の違い」を最小限にするためには、

図29　解決しなければならない問題のイメージ

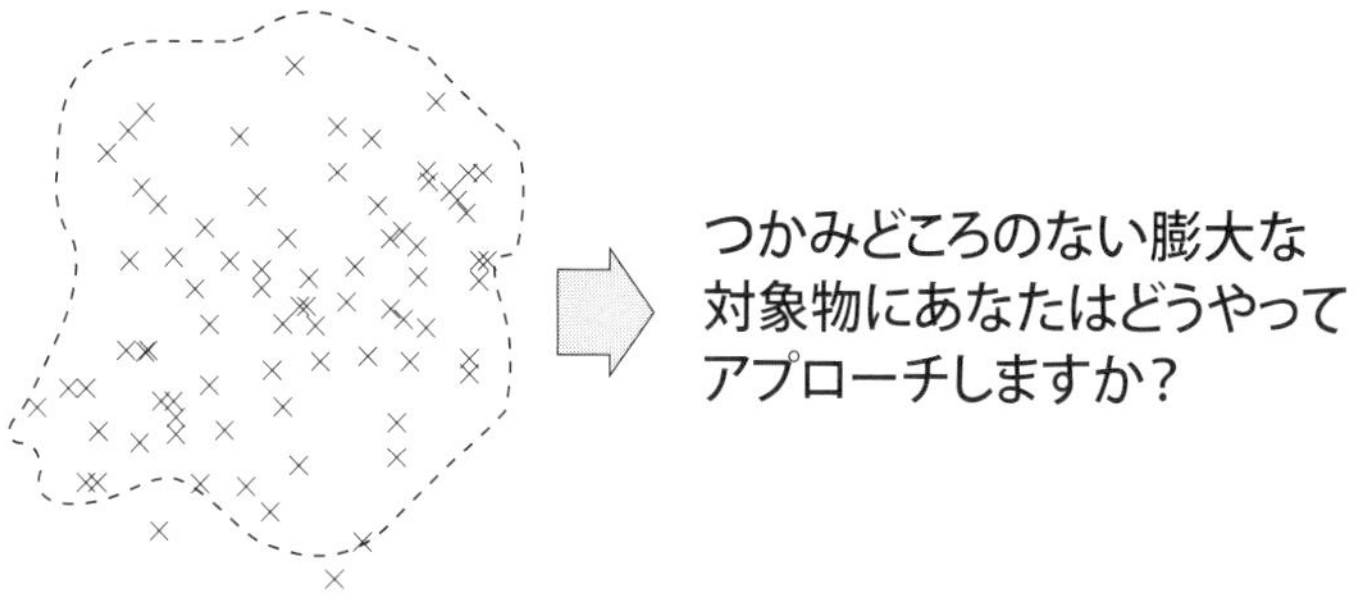

コミュニケーションに参加している人たちが同じ座標系、つまり「絶対座標」で話をする必要があります。そのためにまずやるべきなのが、全体像を共有する、つまり話の外枠を押さえることです。

こうした例にかぎらず、私たちが問題解決を行うときには、まず最初に問題を起こしている対象全体の外枠を押さえてしまうことが非常に重要です。なぜなら、外枠を押さえずに考えたり話し合ったりしていると、いつまでたっても対象の範囲が人によって異なるため、絞りこめずに広がっていく可能性があるからです。その結果、問題の本質が見えなくなるばかりか、何から何まで問題のように思えてきます。

図29を見てください。これは私たちが対象としている問題を模式的に示したものです。

宇宙に広がる星のように、無限の空間に無数の課題が散在している状態です。たとえば、会社のコストを押し上げている原因は、会社の中にこうやって「星の数ほど」点在しているでしょう。あるいは、あなたが難関資格を目指しているのであれば、試験に合格するためにやらなければならないことが無数に点在しているでしょう。あなたが残りの人生でやらなければならないことでもいいでしょう。

こうした対象課題をどうやって網羅的に捉え、優先順位をつけていけばよいのか。ここに、個々の人間の思考回路が登場します。

図30を見てください。こういった、つかみどころのない問題に対したときに、大きく三つの思考回路があらわれてきます。

①ズームアウト型

まずは取り組みやすい自分の身近な領域から考えはじめて、それを少しずつ外側に広げていく思考回路です(図30上)。長所は、わかりやすいところからはじめるのでスタートしやすい点ですが、その分、わかりにくいところや目の向いていないところには最後まで頭が回りにくい、という欠点があります。つまり、もともとの自分の「思いこみ」を捨てることができないのです。

②虫食い型

二番目は、思いつくままに虫食い的に着手していく方法です(図30中)。この発想も着手しやすい点がある半面で、モレやダブりが必ず発生します。

図30　代表的な3つの思考回路

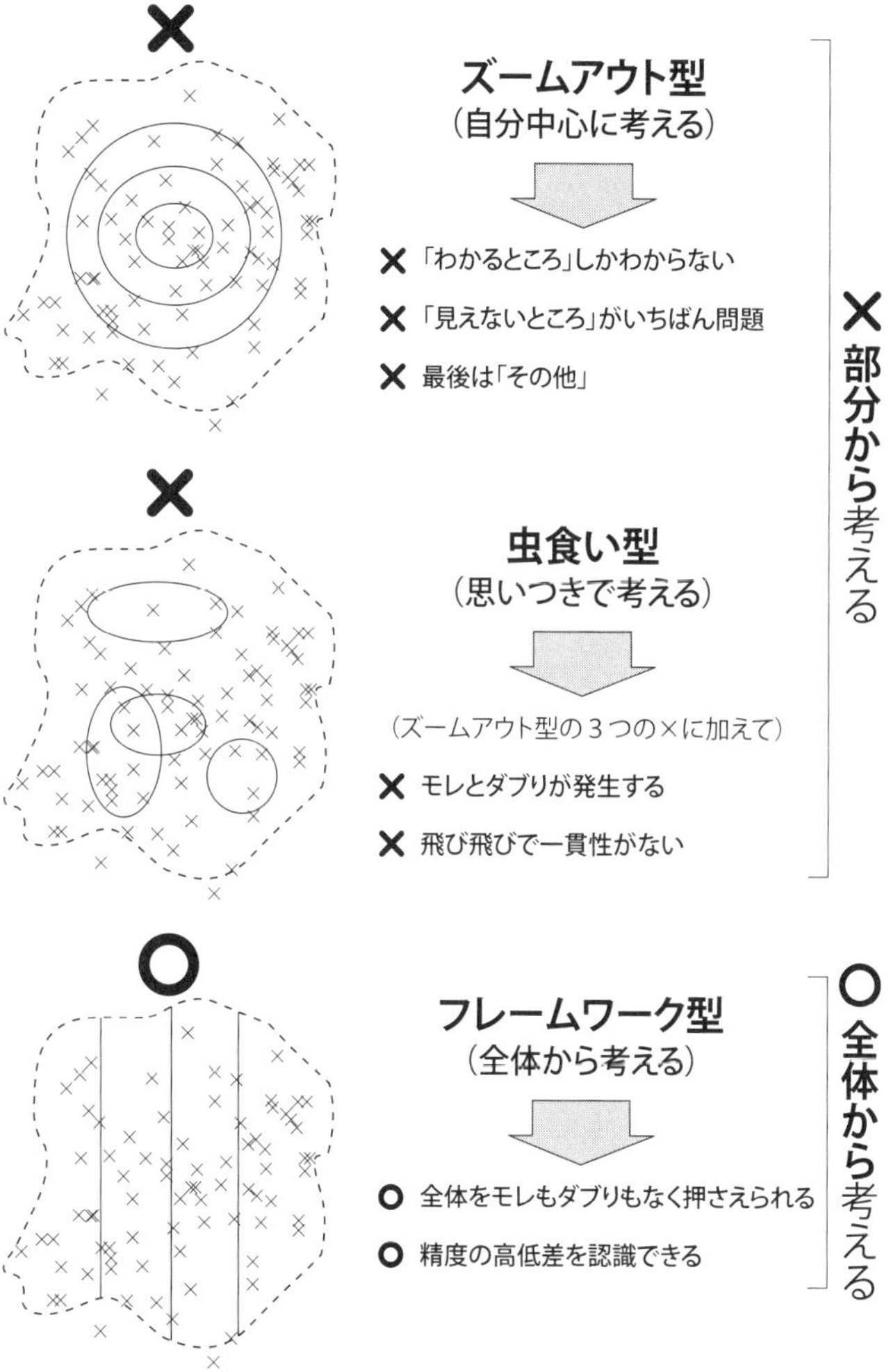

①と②の方法は、じつは根本の発想としては本質的に同じで、「わかるところから『部分的に』考える」という発想です。これはとりもなおさず、これまで述べてきた「相対座標」から抜け切れていないことを示しています。

③フレームワーク型

そして最後のアプローチの仕方が、「外枠を押さえる」というフレームワーク思考になります（図30下）。この方法の最大のメリットは、対象とする課題のモレやダブりをなくすとともに、全体を均等な視点で見ることができるので、思考のクセを排除して考えられることです。ここでのポイントは、わかろうがわかるまいが、わからないところも含めて外枠を押さえてしまうことです。わかるところから飛びつくのではなく、全体を見て作戦を立ててから物事に着手する発想と言ってもよいでしょう。

じつは、これは広い意味での問題解決、あるいは人生そのものに対しても、「不確実性のある多数の対象物に対峙《たいじ》する」場合すべてに応用が利きます。実際には、①②③、あるいはズームイン／ズームアウトのすべてを組み合わせて考えた上で「見えるところから着手する」のが有効な場合もありますが、どんな場合でも、③の「全体から考える」という視点だけは欠かすことができません。

事例を見てみましょう。

追加要求が出てくる理由を考える

営業マンから「お客様の要求が次から次へと増えてくる」という不満がよく聞かれます。あたかもお客様のほうに問題があるかのような言い方ですが、本当にそうなのでしょうか。「できない営業マン」ほど、こういうものの言い方をします。それはなぜでしょうか。じつはこれはお客様のほうに問題があるのではなく、要求を聞いている営業マンの姿勢に原因があるからなのです。

ズームアウト型もしくは虫食い型の思考回路でお客様の要求を聞くとします。見えてくるのは、次のものだけです。

●お客様から言われたこと（つまりお客様のほうで気づいている範囲）
●自分の思いつきでわかる範囲

ここ（図30の虫食い型）を出発地点にすると、あとになってお客様が気づいた要求事項はすべて「想定外」になってしまいます。追加があるたびに範囲を広げていった場合には、他に何が出てくるか予想がつかない上に、いつ終わるかもわからない「ネバーエンディングストーリー」になってしまいます。

対して、細部がわからなくてもいいから「外枠を押さえる」というズームイン（フレームワーク）型の発想の営業マンはどうでしょう。まずはわからないなりに、お客様が要望としてあげてくるかもしれない可能性の全体像を押さえてしまいます。それから、まだ話題に出ていない領域を確認（抜けやモレをチェック）した上で、その領域を「こちらから能動的に」お客様に確認してしまいます。そうすれば、「想定外」を最小限にできるとともに、外枠の地図をお客様と共有することによって、誤解も少なくすることができるのです。

リスク管理で最も危ない「想定外」

もう一つの例として、この「ズームアウト」「ズームイン」という二つの考え方をリスク管理に適用してみた場合を考えてみましょう。リスク管理というと何やら大げさのようですが、行動を起こす前に、想定される危険要因を抽出して、それに備えておこうという考え方です。泥棒が入らないように家のセキュリティ対策を考えておく、旅行の計画を立てるときに悪天候やトラブルを想定しておく、あるいは、会社の経理システムを開発するときに、ネットワーク負荷の変動要因を想定しておく、といったこともリスク管理です。図31を見てください。

まず、前項の「わかるところから」考える、ズームアウト型や虫食い型の発想でリスク管理をするのは非常に危険だといえます。わかるところだけを先に見て、そこが世界のすべてだと勘違いしてしまうところに、この思考回路の最大の危うさが潜んでいます。

こういう思考回路の人にリスクの想定をさせると、「リスクはありません」という回答が返ってきます。なぜなら、もともと見えているところしか対象に考えていないのですから、リスク、

図31　「想定外」を回避できるフレームワーク思考

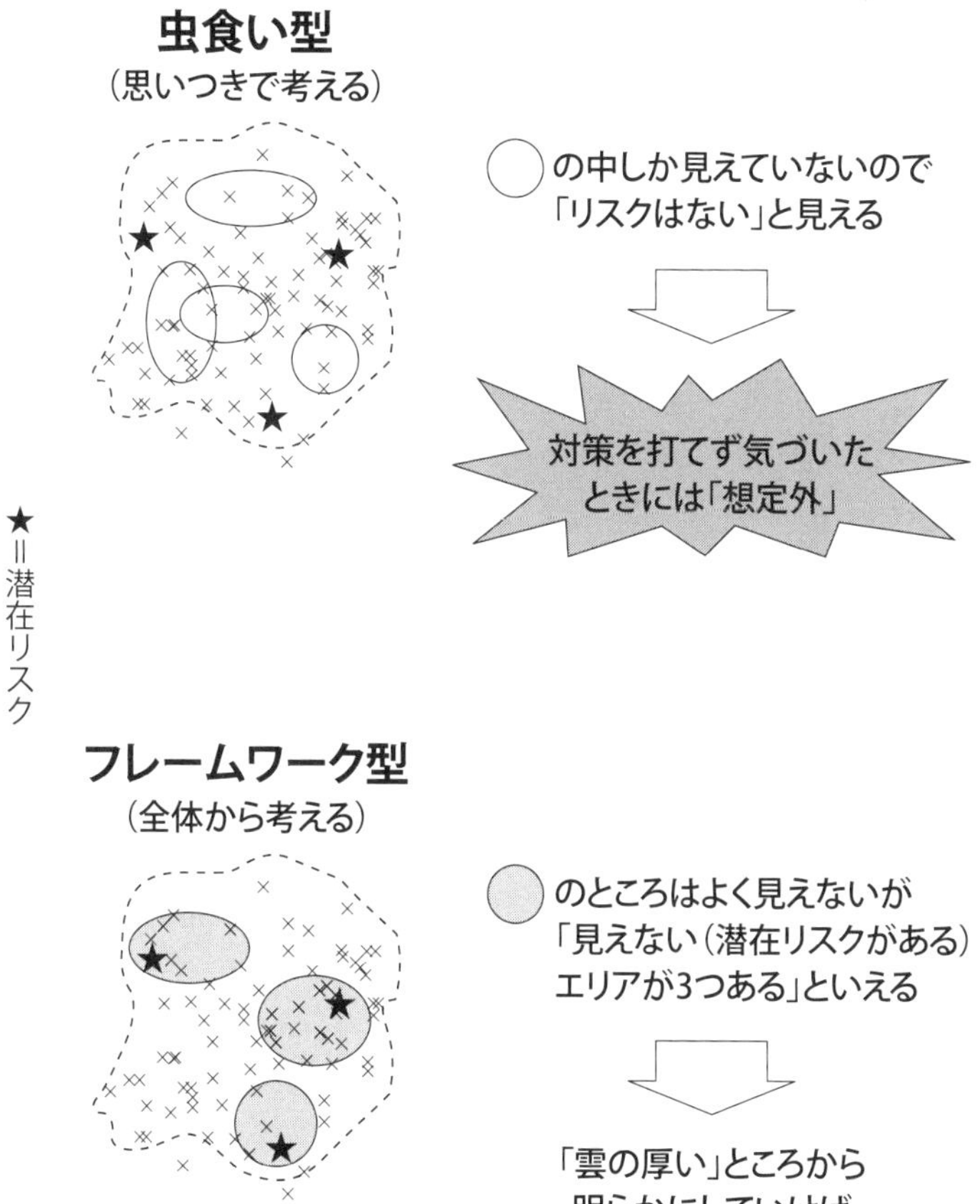

つまり不確定性の高いところは眼中にないのです。それがあるとき、突然眼中に入ってきたときに、大騒ぎになって「想定外だった」という話になるわけです。

対して、フレームワーク型で考えている人は、「雲がかかっている」（よくわかっていない）部分を含めて外枠を押さえにかかりますから、「最もよく見えないところがこのぐらいあって、それはどうすれば見えるようになりそうか」という発想をします。次に、最も雲が厚い部分から少しずつ晴らしていくことによって、大きなリスクを自然と減らしながら全体が徐々に見えてくることになります。

「全体から考える」という思考回路でリスクを読めば「想定外」という事態を減らすことができる、というイメージをつかんでいただけたでしょうか。

以上、お客様の要求への対応とリスク管理という二つの観点で「外枠を押さえる」ことのメリットを見てきました。フレームワーク思考は、「残りの人生でやらなければならないこと」を考えるとき、大量の蔵書を整理する方法を考えるときなど、さまざまな局面で応用の利く思考法なのです。

既存のテンプレートを活用する

これまで「外枠を押さえる」というフレームワーク思考の具体例をあげてきましたが、じつはこれらは難易度が高く、いきなり実践するのは難しいと思います。フレームワークを使った問題解決を得意とするビジネスコンサルタントにとっても、かなり難易度の高い仕事です。そこで、初心者が活用できるツールをご紹介しましょう。

フレームワークのテンプレートです。

これはたとえば後述する「5W2H」や経営分析に用いられる「3C」といったものです。狭義のフレームワークといった場合には、こうしたテンプレートのことをさす場合もあります。

こうしたテンプレートを使ってフレームワーク思考をするイメージを図32に示します。

こうしたテンプレートというのは、

①(ある領域における)全体を押さえていることが保証されている。

②ある目的に適した分類の「型」を持っている。

③すでに実績があって、有効性が実証されている。

④とくに有名なもの、あるいは関係者の間ですでに知られたものであれば、特別の説明もなく見ただけで「モレなくダブりもない」ことが一瞬にして担保される。

⑤自分で考え出す手間とスキルがいらない。

⑥「全体を押さえる」というフレームワーク思考の第一ステップと、「分類する」という第二ステップを、同時にクリアできる。

という特徴があります。

とくに汎用《はんよう》性が高く有名なものをいくつかあげておきます。

図32　テンプレートを使い、「外枠を押さえて分類」

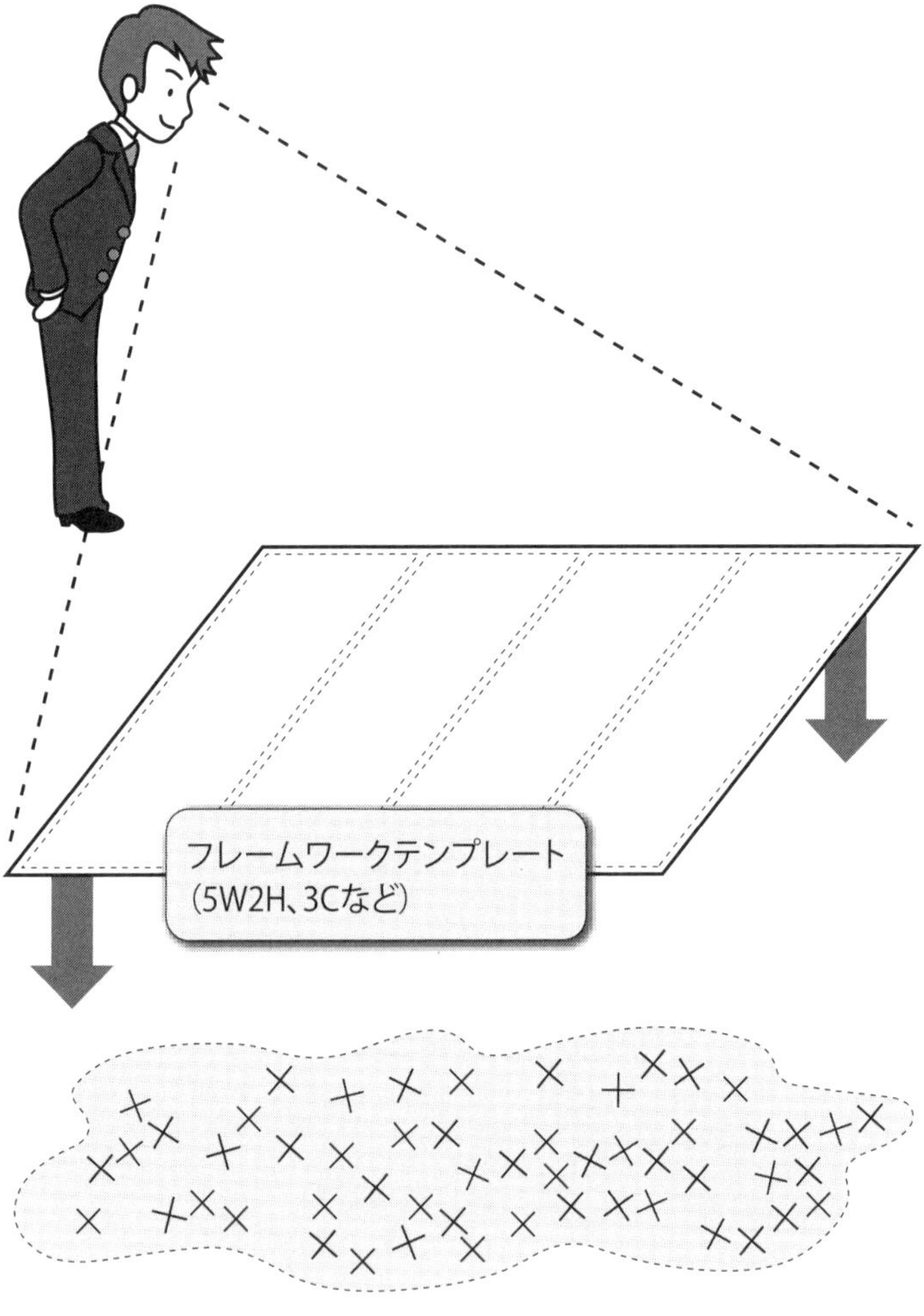

テンプレートを使ってフレームワーク思考する

●５Ｗ２Ｈ（Why/What/When/Where/Who/How/How Much）……応用範囲が広いにもかかわらず、多くの人がその有効性に気づいていないようです。[14] 活用法については後述します（１６３ページ参照）。

●経営戦略の３Ｃ（Company/Competitor/Customer）……経営戦略の教科書には必ずといっていいほど出てくるフレームワークで、企業のおかれた環境を分析して戦略策定をするときには、自社、競合、顧客の視点から考えるべきであるというものです。これは必ずしも大企業でなくても、喫茶店やコンビニの経営にも応用することが可能です。

●マーケティングの４Ｐ（Product/Price/Place/Promotion）……これもマーケティングの教科書には必ず出てくるフレームワークです。ものを売るときの仕掛けを考えるときには、製品、価格、販売チャネル、プロモーションという観点からいろいろな施策を考えるべしというもので、売り方を考えるときの視点のモレをチェックするのによく用いられます。

●製造業のＱＣＤ（Quality/Cost/Delivery）……吉野家《よしのや》の「はやい・うまい・やすい」が絶妙なキャッ

14　５ＷｎＨというのは、「１Ｈ」だったり「２Ｈ」だったりしますが、ＨＯＷ…（much, long, often, soon等）をすべてまとめて５Ｗ１Ｈとくくってしまった方がわかりやすいかもしれません。（以下すべて５Ｗ２Ｈの登場箇所への共通の注記です）

チフレーズであるというのは、語呂《ごろ》のよさとともに、ものの見事にＱＣＤが表現されているからです。つまり、はやい（Delivery）・うまい（Quality）・やすい（Cost）、「モレなく、ダブりがない」ことが担保されています。

●ヒト・モノ・カネ……これは「リソース」（資源）のフレームワークです。社内イベントや学園祭など、会社でも学校でも何かを準備するときの観点として使えます。

これらを含めて一般的に使えそうなフレームワークのリストを図33にあげておきます。

「モレなくダブりない」分類を利用する

既存のテンプレートの中に合うものがない場合は、次のいずれかの方法をとります。

①すでにだれかが使った、あるいは世間的によく用いられている「分類」を利用する。

②自分で作る。

①については、本を分類したいなら図書館や書店の分類、料理であれば市販の料理本をまねるという方法です。官公庁や調査機関の調査報告で使われている分類を利用する方法もあり、すでに実績のある分類は多くの場合、１５５ページの①～⑥の特徴を備えています。

モレやダブりがあると、各要素を分類していったときに必ず矛盾（行き場所がなかったり、二つ以上あったりするものが出てくる）が生じるということです。したがって、広く一般的に使われているテンプレートを使うようにしましょう。長く広く使われているうちに、モレやダブりが解

図33　いろいろ使えて便利なフレームワークの例

フレームワークのタイプ	フレームワークの例	イメージ
対立概念型 (反意語)	● 賛成⇔反対 ● 質⇔量 ● 静⇔動 ● あり⇔なし	
数直線型	● 高／中／低(基準の明確化が必要) ● 短期／中期／長期 ● △△以上／○○以下	
順序型 (プロセス)	● バリューチェーン *1 ● AIDMAモデル *2 ● Plan/Do/See ● 起承転結	
並列分類型	● 都道府県(地域)別 ● 産業別 ● 組織図	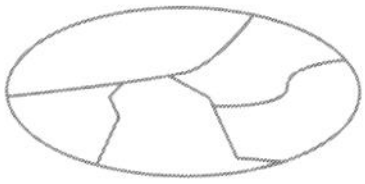
異視点型 (複数軸)	● 5W2H　● 3C ● 4P　● QCD ● ヒト／モノ／カネ ● 心／技／体	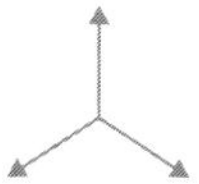

*1　ハーバードビジネススクールのマイケル・E・ポーターが、その著書でフレームワークとして提唱した概念で、「価値連鎖」と訳される。商品は製造から卸、販売、サービスに至るまでのプロセスで、付加価値を蓄積しながら流れていくとし、その価値の連鎖をこう呼んだ。

*2　マーケティングの世界で使われているフレームワーク。Attention(注意の喚起)、Interest(関心)、Desire(購買欲求)、Memory(記憶)、Act(購買行動)という消費行動のプロセスをモデル化したもの。

消されてきているからです。

②は難易度が高いので最後の手段ともいえるのですが、じつはこのレベルに達して初めて、本当の意味で「全体から考える」というフレームワーク思考を駆使して新たな視点を生み出すことができます。なぜなら、テンプレートの使用は最低レベルの確認が手軽にできる半面、テンプレートという「型」にあてはめることで「視点を固定化させる」という点で思考停止を招くからです。したがって、最終的には「自分でフレームワークの切り口を探せる」というレベルを目指してほしいと思います。

MECE《ミーシー》で「その他」いらず

フレームワークテンプレートや、既存の分類を流用すると、フレームワーク思考の二つのステップ（全体俯瞰と分類）を同時に実行できますが、流用できるものがない場合には自分で分類方法を考え出すことになります。

この場合に必須なのが、①モレなくダブりなく考えることと、②同じレベルの分類の粒度《りゅうど》（細かさ）を合わせるということです。

①の「モレなくダブりなく」は、ロジカルシンキングの世界ではＭＥＣＥ（Mutually Exclusive Collectively Exhaustive の略）と呼ばれる必須概念です。ＭＥＣＥの概念が欠落していると、

●どこに何が分類されているかがわかりにくい。

図34　MECEは重要！

	MECEな分類	MECEでない分類
イメージ	全体 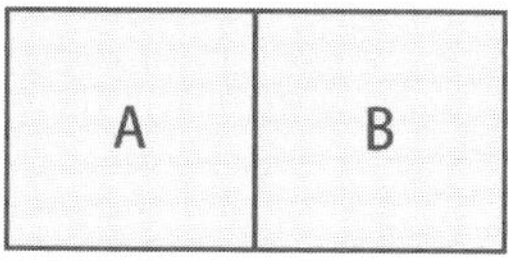	全体 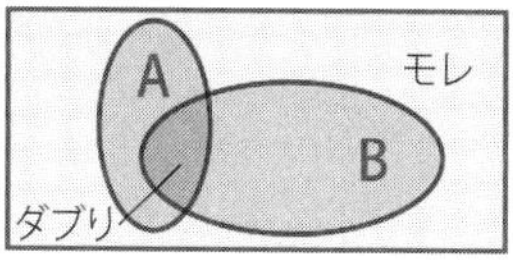
事例（日本国民を分類してみる）	●成年／未成年 ●身長160cm未満／160cm以上	●甘党／辛党 ●姉妹がいる／兄弟がいる
特徴	○ダブりがないために分類がしやすい ○情報をモレなく網羅的に確認できる	×ダブりが出て似て非なる作業が多くなり、効率が悪い ×モレが発生する

●分類にモレがあっても気づきにくい。
●分類にダブりがあってもわかりにくい。
ということになり、その結果として、
●「似て非なる」重複作業が発生して非効率になる。
●重要な項目や観点が欠落する。
という問題が発生します（図34参照）。

こういう分類になってしまう根本原因の一つが、思考回路が先述の「虫食い型」になっていることです。つまり、「分類しやすいものから思いつきで分類していく」と、ほぼ間違いなく出てきた分類方法はMECEでないものとなります。この場合には、最後に残ったわからない部分が「その他」というかたちであらわれます（本や書類、データファイルの分類でよくこういうことが起きるでしょう）。

MECEで分類するためには、全体を一気

に俯瞰した上である一定の「軸」（用途別とか地域別とか）に従って「箱」を用意していく必要があります。

私たちが日常的に目にするものの中には、MECEになっていないものがたくさんあります。

一例をあげると、国際線飛行機のシートの分類です。ファースト／ビジネス／エコノミーという分類は、MECEでしょうか。ここで用いられている言葉は、ファースト（等級）、ビジネス（目的）、エコノミー（消費性向）……と、ものの見事に違う「軸」です。

● 「等級」で分けるなら、ファースト／セカンド／サード
● 「目的」で分けるなら、ビジネス／非ビジネス（観光、家族訪問など）
● 「消費性向」で分けるなら、ラグジュアリー／エコノミー

となるのが妥当です。

仕事で乗るから「ビジネス」クラス、というのは一昔前の発想です。いまやエコノミークラスを使うビジネスパーソンが圧倒的多数です。ビジネスクラスという言葉がしっくりとこない根本原因の一つが、じつはここにあるのです。

これ以外にも、身近な分類でMECEでないものはたくさんあります。探してみてください。

次に重要なのが、「同レベルは同じ粒度（細かさ）にする」ということです。一例として、「地域

別」という軸で分類するのであれば、北海道、青森県、宮城県、……（「都道府県」という粒度）になります。北海道、青森市、仙台市、……とはなりません。

大分類、中分類、小分類といった順に階層をつくって分類する場合には、同じ階層のレベルを同粒度で分けることによって、その後の処理や取り扱いを容易にすることができます。

5W2Hを骨までしゃぶりつくす

フレームワークの活用事例を見てみましょう。

初心者にもってこいで、かつ、いちばん汎用性が高く、効果も大きいのが５Ｗ２Ｈ（Why/What/When/Where/Who/How/How Much）です。Ｗｈｏを「To whom」と「By whom」に分けたり、「How long」を加えたりする場合もありますが、基本は同じです。

じつは、「外枠を押さえる」ためのフレームワークのツールとして、これほど強力なものはないのですが、ビジネスの現場でも、これをまともに活用できている人はほとんどいないというのが実情です。

たとえば何かの調査報告書や提案書などのドキュメントを作成するときに、できの悪いドキュメントは、ことごとくこの基本中の基本が守られていません。とくにいちばん重要なＷｈｙが抜けていて、いきなりＷｈａｔからはじまるパターンが散見されます。

たかが５Ｗ２Ｈとバカにするなかれ。フレームワーク思考トレーニングには欠かせないテンプレートです。骨までしゃぶりつくすのがよいでしょう。

では、具体的なイメージをつかんでいただくために、ケーススタディを紹介します。

ケーススタディ――企画提案書

舞台は、ある会社の企画部。登場人物は新人のXさん、入社三年目のYさん、一〇年目の「達人」Zさんの三人です。

Xさんは社内のイベントの企画を考えるよう、課長から言われました。まずは企画提案書を作らなければいけません。「企画提案書」といわれてもどんなものを作ったらいいか見当もつかないXさんは、日ごろ相談に乗ってもらっている先輩社員のYさんに相談します。

X「Yさん、課長に今度のイベントの企画提案書を作れって言われたんですけど、どんなことを書けばいいんですかねえ？」

Y「そうだなあ、企画提案書だろ？　……予算だろ、必要なスタッフ、あと会場のこととか、肝心なのは内容だよな。あ、そうそう、あとだれを呼ぶかとかかなあ」

X「ちょっと待ってください。メモしてみますから……こんな感じですかね？」（図35）

Y「そうだね」

X「よし、まずはこれで考えてみます」

（リストを持って廊下を歩いていると、ちょうど向こう側から入社一〇年目の企画の達人で大学の先輩Zさん

図35　Yさんのアドバイス

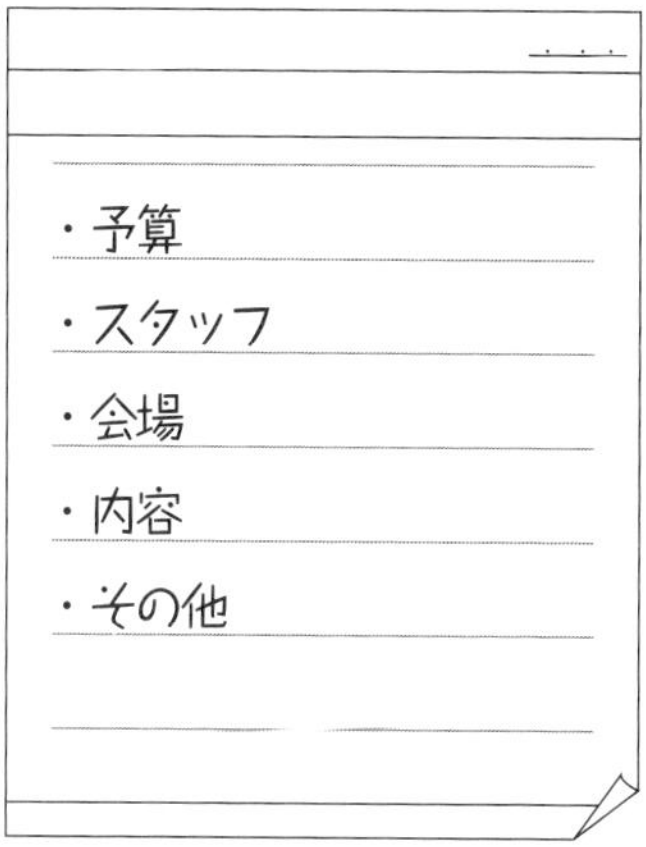

図36　Zさんのアドバイス

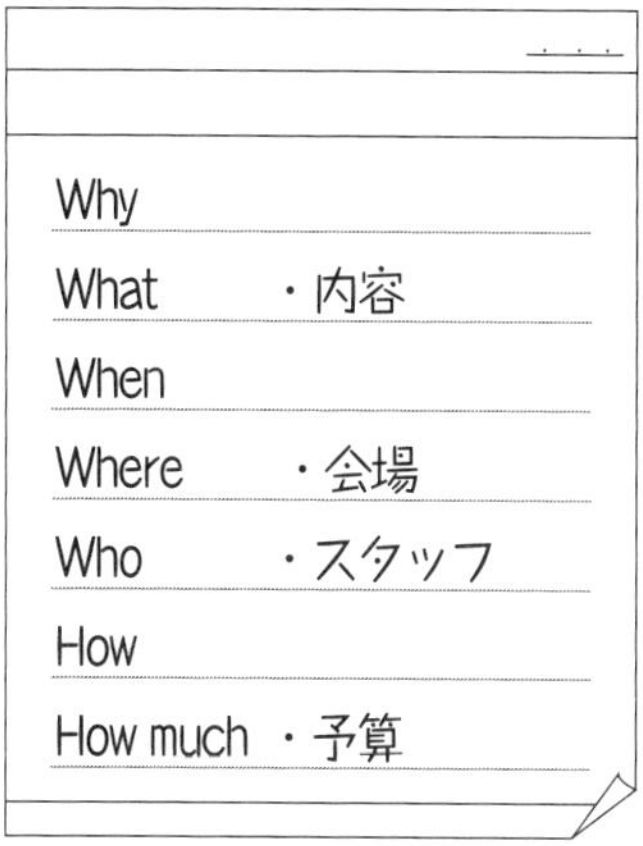

がやってきた）

Z「Xさん、久しぶり、うまくやってる？」

X「ちょうど課長からイベントの企画提案書を作れって言われて、こんな項目で考えてるところだったんですけど……」

Z「どれどれ……ああ、大事なものがいくつも抜けてるよ、何だかわかる？」

X「えっ⁉　何ですか？」

Z「こういう表を書けばわかるかな？」（図36）

X「そうか、肝心の目的（Why）だとか、スケジュール（When）や具体的な進め方（How）が抜けてたんですね」

Z「そうそう、たとえばね。もう一度、このフレームワークで必要な項目をチェックしてみるといいよ」

X「ありがとうございました」

どうでしょうか。経験とその場の思いつきでリストアップしたYさんと、フレームワークを使うことで瞬時にモレを発見できたZさん。仕事ができる・できないの違いは、こうした基本的な作業にも、はっきりとあらわれるのです。

地図を描いて「思考のクセ」を知る

「全体から考える」のがフレームワーク思考であり、それを阻害する「思考のクセ」（思いこみ）にとらわれている思考回路には、「部分から考える」という特徴があります。

思考のクセをチェックするよい方法があります。それは、身近な場所を説明する「地図」を描いてみるという方法です。

それでは、はじめましょう。いま、すぐに、筆記用具と白紙を用意して、最寄りの駅から自宅までの地図を描いてみてください。

チェックのポイントは、図の巧拙《こうせつ》ではなく、思考のプロセスです。「部分から考える」人には、次のような特徴があるはずです。

①まず最寄りの駅を描く。
②最寄りの駅から自分の家に向かって、道を描いていく。
③その地図の方角と縮尺は入っていない。

④地図の距離と方向が、描いているうちにおかしくなってくる（たとえば、A地点からB地点の距離よりもB地点からC地点の距離のほうが実際は長いのに地図では逆になっている、北側に位置するものが地図では東側にあるなど）。

これらのうち、①と②は「ズームアウト」の視点です。逆に、「全体から考える」人は、まず地図の「外枠」を考えます。つまり、地図の方角、縮尺です（これがここでの「絶対座標」の定義になります）。そして全体のバランスを考えながら自分の家の配置を決めていく……というように、「ズームイン」の視点で描いていくはずです。

「その他」という処理はギブアップ宣言

「ズームイン」型と「ズームアウト」型の思考回路は、地図にかぎらず、口頭で説明するときにも、書類を作るときにもあらわれてくるのは、非常に興味深いところです。

後述する「フェルミ推定」でも、試すことができます。たとえば、「世界中で一日に食べられるピザは何枚か？」といった問題を出すと、「ズームアウト」型の人は、昨日たまたま宅配を取った人であればその宅配から発想しはじめて、レストランでは何枚食べられているのか、自宅で作る分は何枚か……と、「外側」に発想を広げていき、残ったわからない部分を「その他」として処理します。

この考え方がなぜ問題なのかといえば、これでは永久に、「自分が見落としているが重要なこと」に気づかないからです。

この「その他」が、「ズームアウト」型や「虫食い」型思考の象徴といえるもので、「それ以上はわかりません」ということであり、ギブアップ宣言です。

なお、「外枠を押さえてから分類する」という「ズームイン」型の考え方をすれば、たとえば、全世界の人口を①頻繁《ひんぱん》に食べるグループ、②たまに食べるグループ、③食べないグループに分類して……というように考えていくはずです。

絶対座標を持つために必要な「三つの経験」

最後に、座標の話に戻しましょう。

「全体から」考えるには、「絶対座標」（１２６ページ参照）を持つことが重要ですが、それは簡単ではありません。どの道であれ、「絶対座標」を身につけるのにいちばんよい方法は、「その領域でなるべく異なる三つ（以上）のことを経験する」ことだと私は考えています。

まず一つ目の経験。ここでは「初めてのこと」を覚えます。したがって、一〇〇パーセント「相対座標」（Ｍｅ座標やＹｏｕ座標）の世界です。つまり、この段階で経験することは世の中全体のごく一部のことにすぎないのですが、本人にとっては「経験のすべて」なので、それが「相対座標」であるということにも気づいていません。

二番目の経験で、「他の世界」を知り、一番目の経験が相対的なものにすぎなかったことに気づきます。

そして三番目の経験のときに「座標」が張れるようになり、四番目以降の経験のときには、その経験が「絶対座標上のどのあたりになるか」がわかるようになってきます。これが「絶対座標を認識している」という状態です。

一つの例をあげましょう。

社内の業務プロセスについて「絶対座標」を身につけたいと思ったときに必要なことは、なるべく質的に「遠い」と思われるプロセスを三つ以上経験することが近道ではないでしょうか。

業務プロセスを見るときの「軸」の例として、「トランザクションプロセス」（伝票が行きかって、比較的定型度の高いプロセス。経理や製造など）と「ナレッジプロセス」（属人性が高く、手順書を作るのが難しいプロセス。製品開発や営業など）という軸上でのバリエーションを三つ以上経験することが有効です。

もちろん、経理なら経理の専門家としてその道を究めるという選択肢もキャリアプランとしてはありますが、いずれは経営全体を見るという目標を持っているのであれば、早めにそうした「絶対座標」を習得できるようなキャリアプランを立てることが重要です。

「三つの経験」は、三つの社風の違う会社を経験するとか、毛色の違う三つの業界を経験するといったことでもよいでしょう。

いま、すぐ「全体から」考えるための七項目

①「上空のもう一人の自分」を強く意識し、「協働作業」をイメージしてみる。

②アンジャッシュのＤＶＤを見て、「三つの座標系」のイメージをつかむとともに、「気づいていないこと」の滑稽さを実感してみる。

③「おやじの説教」をよく観察し、「おやじ」側の棚上げ度と、自分側の理解度をチェックする。

④身のまわりの人の自分への期待値を再確認してみる。

⑤自宅の地図をだれにでもわかるように描いて、第三者に見てもらう。

⑥５Ｗ２Ｈを使って、ビジネスメールを送信前に確認する。

⑦近所のデパートやレンタルＤＶＤ店[15]などの商品分類がＭＥＣＥになっているかどうかをチェックし、なっていない場合はどこがなっていないかを考えてみる。

15　既にほぼ絶滅寸前となっているレンタルＤＶＤ店ですが、いまならまさに「ネットの動画配信サービスのメニュー」と読み替えれば同じことになるでしょう。

3 単純に考える「抽象化思考力」トレーニング

抽象化思考力チェックの解説

「単純に考える」抽象化思考をするためには「対象物から離れる」ことが必要ですが、それを妨げる「阻害求心力」の強さを見るのが、27ページのチェック項目です。

YESの数が多いほど抽象化思考力が低い状態といえます。

●YESが二個以下……抽象化思考力　A級
●YESが三〜六個……同　B級
●YESが七個以上……同　C級

経験至上主義（②③④⑨）、具体性依存（①⑦⑧⑩）、重箱シンドローム（⑤）、短絡的発想（⑥）などが、「対象物から離れる」ことを妨げる阻害求心力です。重箱シンドロームとは、「重箱の隅を楊枝《ようじ》でつつく」（たいして重要ではない細かいことを取り上げて問題にする）傾向が強い状態です。

抽象化の代表例が「数」と「言葉」

「単純に考える」抽象化思考とはどういう思考のことでしょうか。

抽象化とは、ある目的に合った物事の特徴を抽出し、それ以外の特徴はすべて枝葉として切り捨てて考えるということです。

つまり「単純に考える」とは、ある目的に従って「本当に重要な特徴だけ」を取り出して考えるということです。

私たちの身のまわりでいちばん身近な抽象化の例が「数」です。

たとえば「三」という数を考えてみましょう。りんごが三個、ウサギが三羽、本が三冊……、これらはみな三という数で代表され、たとえば三＋三＝六というように、りんごでもウサギでも本でも、すべての事象にあてはめて使うことができます。

数字に置き換えなければ、どうなるでしょう。形の大きなりんご、青みがかったりんご、虫が食ったりんご……、というように、すべて「具体的に」説明して並べなければなりません。

これを「りんごが三個」と単純に表現することによって、計算に使ったり、他者に伝える説明に使ったり、いろいろなことができるようになります。

いったん数字に落としてしまえば、あとは数式にできるため、森羅万象《しんらばんしょう》に適用できるようになるというわけです。これが抽象化の最大のメリットです。

図37 「抽象化」とはどういうこと?

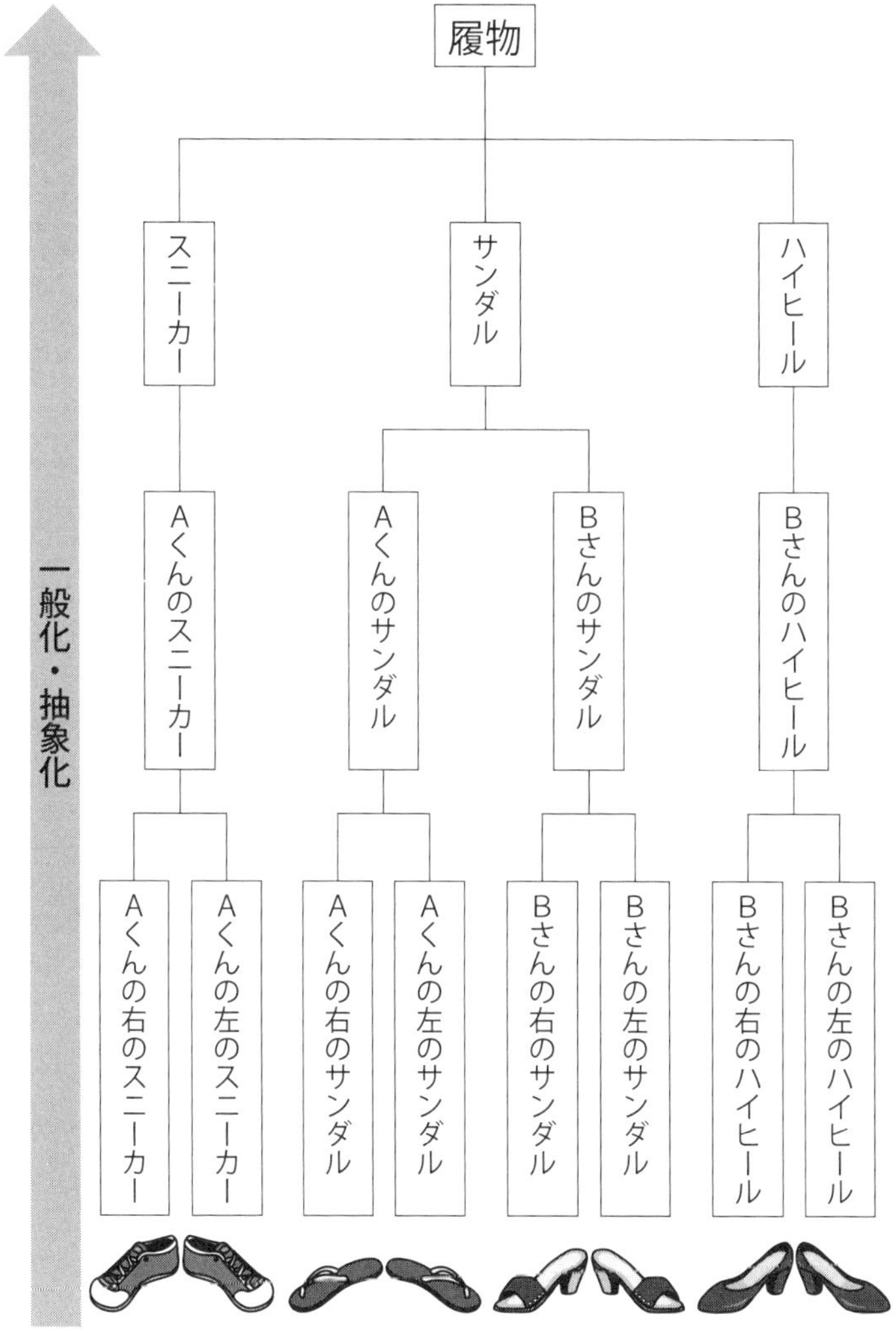

「言葉」も、抽象概念です。具体例を見てみましょう。図37を見てください。

ここにAくんとBさんの履物があります。これらを少しずつ抽象化してみましょう。この場合の抽象化は一般化とも言い換えられます。一つ一つの履物を少しずつ上位概念の言葉で一般的な定義にしていくということです。

では、言葉を一般化することによって、どんなメリットがあるでしょうか。たとえば右と左のスニーカーをすべて別々のものとして扱わなければならないとすれば、「明日スニーカーを履いてきて」という代わりに「明日右のスニーカーと左のスニーカーを履いてきて」と言わなければならないでしょう。同様に、「サンダル」という一般化した名詞の存在によって、Aくんのサンダルも Bさんのサンダルも、日本全国（あるいは全世界）の「サンダル」というくくりのものが、同じようにひとことで表現できるようになります。

もちろん、一般化することによるデメリットもあります。一般化することによって、その言葉があらわす以外の具体的な属性が、切り捨てられてしまいます。新品のスニーカーも穴のあいたスニーカーも青いスニーカーも赤いスニーカーも、「スニーカー」で片付けられてしまいます。そうした生々しい個性が失われてしまうというデメリットもあるので、言葉を一般化したほうがよいかどうかは、目的によってケースバイケースです。

しかしながら、「考える」という人間ならではの行為を最大限に生かすためには、「抽象化」という概念は必須のものです。

おやじギャグはなぜ「寒い」のか？

「何を言う、早見優《はやみゆう》[16]」

「課長の血液型は何型ですか？」「新潟《にいがた》……」

これらは世に言う「おやじギャグ」です。これらは「駄洒落《だじゃれ》」とも呼ばれますが、要は同音の言葉の引用です。

しばしば、おやじギャグは、（本人の意図に反して）周囲の人を「寒く」します。なぜでしょうか。

これを抽象化思考の立場で見ていきましょう。前項で見たように、抽象化思考とは、言葉や概念を一般化することによって、異なる事象の共通の特徴を抽出していくということです。言葉や概念の特徴を高度に抽象化していくと、一見まったく違って見えるものが同じ特徴を有していることを発見できることがあります。共通点を見出した複数の事象が一見遠いものであればあるほど、高度な抽象化思考ということになります。

次に、人が「面白い」と思うメカニズムを考えてみます。お笑いの要素の中に、「なにげない特徴に気づかされる」というものがあります。たとえばものまねで、ある有名人のなにげない特徴をデフォルメして表現されて思わず笑ってしまったという経験は、みなさんお持ちでしょ

16　いま風に変えれば「それはいかんな、橋本環奈」とでもいったところでしょうか……。

う。あるいは、思いもよらないたとえ話で笑いのツボが刺激される場合もあります。

これら、抽象化思考の特徴と笑いのツボという観点からおやじギャグを見てみるとどうでしょう。単なる「駄洒落」というのはだれでも気づくような「言葉の音の共通点」を指摘しているだけ、つまり抽象化思考としては最低レベルのものなのです。だからおやじギャグは普通の人にとっては笑いのツボに響かない「寒い」ものと感じられるわけです。

ただし、私は「人間関係の潤滑油」としてのおやじギャグは否定しません。世の中のおやじどもは「精一杯無理して」おやじギャグで周りの人たちとコミュニケーションを図ろうとしているのです。みなさん、心の中で「寒い」と思っても、ちゃんと理解して温かい目で見てあげましょう。

抽象化思考の目的は「一を聞いて一〇を知る」こと

抽象化して考えることのメリットを「言葉」という観点で紹介しました。では、それ以外では、どんなメリットがあるのでしょうか。

特徴が同じものをグルーピングすると、その特徴を持った者同士は「同じもの」として扱うことができ、それらが持つ共通の性質を同様に扱うことによって、応用範囲を広げることができるようになるのです。

抽象化思考の目的は、一つの分野の知見を共通の特徴を持つ他分野にも適用して応用範囲を広げる、つまり「一を聞いて一〇を知る」ということです。

人間は多くのことを「経験」によって学んでいきます。基本的に私たちは、自分の経験、さらにいえば失敗したことからしか学べません。ところが、私たちが自分で直接経験できることには限りがあります。また、これまでの人類の歴史が自分の経験からのみであったなら、太古の昔から人類に進歩はなかったでしょう。

ではなぜ、人類は後世に経験を伝承することができたのか？　その秘密がこの抽象化にあります。経験を伝承するためには、自分が直接経験したものをだれもが使えるような形に一般化しておかなければなりません。ここで抽象化の考え方が必要になってくるわけです。

りんごも、ウサギも、本も、ありとあらゆるものの「数」という属性を抽象化することによって数学という学問が発達し、それによって多くの応用がなされ、科学技術が生み出されることになりました。数学の「公式」は一つの世界で起きていることを別の世界にあてはめられるように、一般化・汎用化したものです。

「その分野には詳しい」という自信が落とし穴

抽象化思考のためには、対象物から「離れて」考える必要があります（図38）。しかし、これも簡単なことではありません。それは他の思考力と同様に、対象物から離れようとするときに「阻害求心力」が働くからです。

たとえば私たちには、対象物に近づきすぎて瑣末なものにこだわってしまうという性質があります。専門家は、本流を忘れて例外的なことにこだわってしまう傾向があります。専門家とはいえないまでも、自分が詳しい領域については、私たちはとかく瑣末にこだわる性質があります。

「瑣末にこだわる」とは、物事を抽象化せずにすべて具体的に考えるということです。そうすると、すべての事象を違うものと考えるために応用がまったく利きません。

自分の経験のみに固執するタイプの人は「自分の置かれた環境は特殊である」という認識が強く、他者の経験から学ぶ姿勢が弱いことが往々にしてあります。その結果、進歩や変革から取り残されることになります。

その状況から脱皮するためには、表面的に見えている瑣末な「枝葉」を切り捨てて大胆な単純化・モデル化を行って本質を見ることが必要になります。そうすれば、他の世界との共通点が見つかって、他の世界での知見を「流用して」新たな発想を生み出すことができるのです。「アナロジー」（類推）がこの一例です。

「遠くから見れば」みんな一緒

瑣末な枝葉ばかりに目がいくのは、対象物を「離れて」見ることができないからです。言い換えれば、対象物に近づきすぎていると、「類似している」共通点が見つからないのです。

図38　「対象物から」離れる抽象化思考

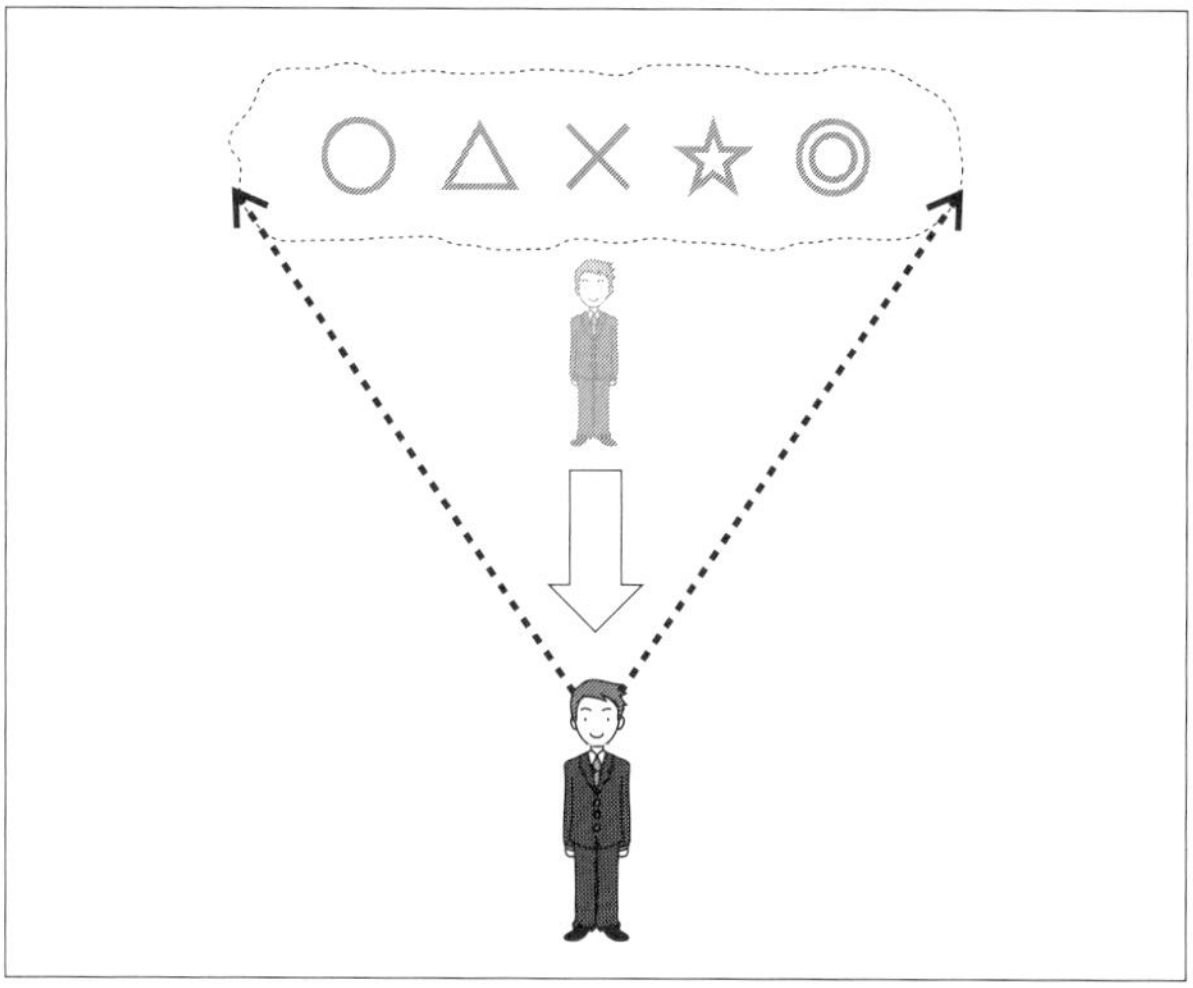

たとえば、人間は「十人十色」ではあっても、マクロから見た場合には人間の行動というのはほとんど同じと見ることもできるわけです。

もちろん、「近くで見れば」三歳の女の子と八〇歳のおじいさんが同じに見えるわけがありませんが「遠くに離れて見れば」同じ人間です。頭と胴体があって四肢《しし》があり、直立歩行している状態は「ほとんど同じ」といってもよいでしょう。

こうして、「対象物を遠く離れたところから見る」ことによって共通点が見つかり、抽象化することが可能になるわけです。

難しいことを簡単に説明できるのが「地頭型多能人」

みなさんの中に、「難しい話をすると賢そ

図39　「難しいことを簡単に言う」のが地頭型多能人

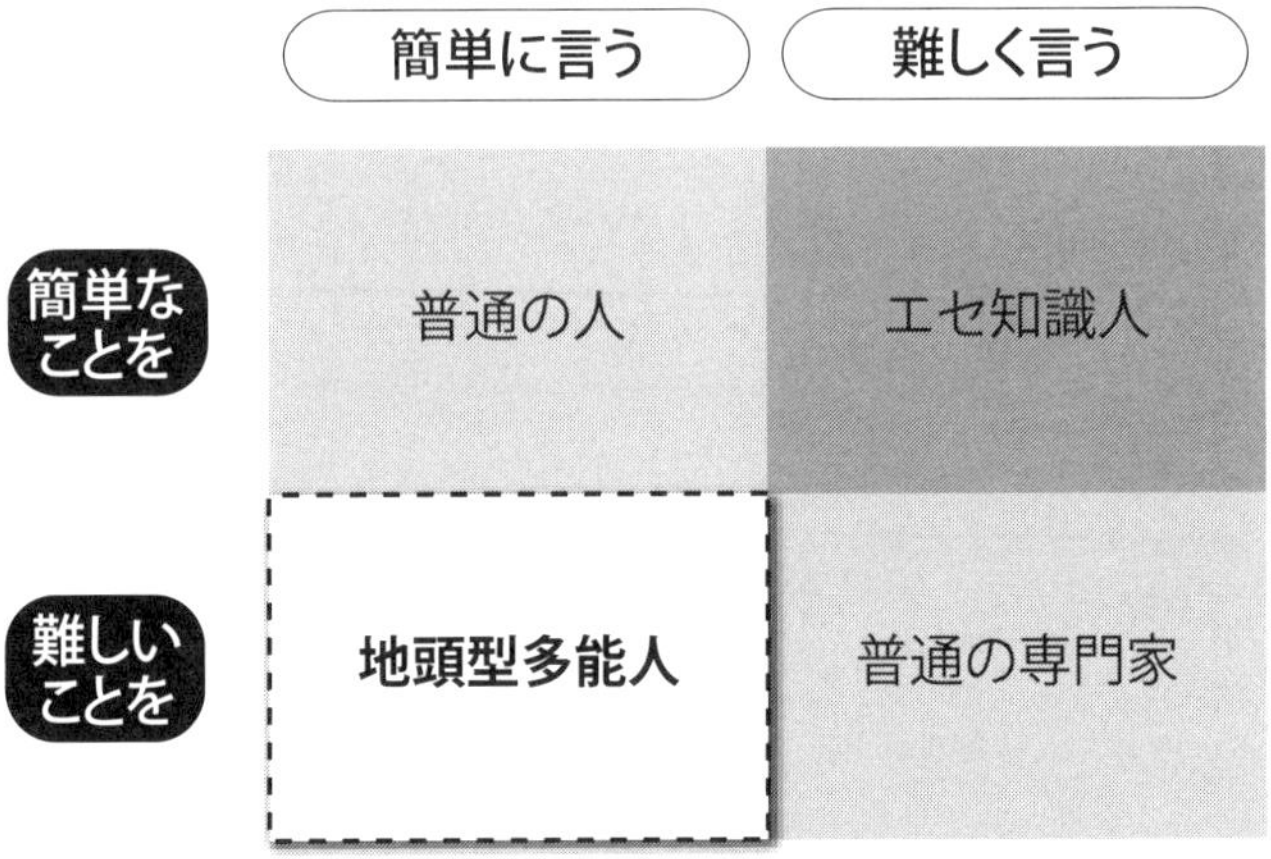

うに見える」と思っている人はいませんか？　あるいは、身のまわりにこうした価値観を持っていて、簡単な話まで難しい言葉で話す人がいないでしょうか？　それは大いなる誤解です。

これは、知識・情報量に重きを置く人の価値観だと思われます。知識や情報そのものに価値がある世界では、難しい言葉や目新しい「バズワード」（専門用語まがい）を使う人が、たとえそれが受け売りだったとしても、「専門家」のように思われ、尊敬を集められたかもしれません。

ところが、考える力、すなわち「地頭力」の世界では、いかに物事を簡潔に自分の言葉で表現できるかのほうが、はるかに重要になります。

図39を見てください。これは、世の中の人

を四種類に分類してみたものです。

簡単なことを簡単に話す、これが「普通の人」でしょう。それとはまったく逆に難解なことを難解な専門用語で話す、これがいわゆる「専門家」です。そしてやっかいなのが、簡単なことまでわざわざ難しい言葉で話す人、いわば「エセ知識人」です。どうもこういう人たちは、どこからか覚えてきた専門用語で話して周囲の人たちを煙に巻くのが好きなようで、本人はそれが「格好いい」と思っているふしがあります。しかし実際は、そのトピックに精通している人から見ると、本人が正確に解釈して自分の言葉で話していないのがまるわかりだったりします。

そして最後が、複雑で難解な事象を単純に話すことができる人です。グローバル化や人材の流動化が進展し、「共通ルールでプレーする」ことが重要になってきた現代では、とくに重要な能力といえるでしょう。一つの世界の考えを別の世界に応用できる。これが地頭力を駆使する「地頭型多能人」の目指す姿であり、「単純に考える」という抽象化思考力が必須の能力です。「難しい言葉を知っている」ことが尊敬されるのは、「知識・情報重視」の発想です。地頭力が求められる現在では、パラダイムがまったく逆で、簡単かつ単純に説明できることが能力の証になるのではないでしょうか。

問題は「切り分け」て解決する

問題解決は、ある意味で「切り分ける」作業と言うことができます。

抽象化に必要なのは「一見異なっているものの間の共通点を見つけること」であると説明してきましたが、これは裏を返せば「一見同じように見える事象間の相違点を見つける」ことと本質的に同じです。異なる事象間の本質的な共通点と相違点を、切り分けて認識することが問題解決の基本になります。つまり、「単純に考える」ためには、物事の特徴を的確に捉えることが重要であるということです。

例をあげてみましょう。

新しい言葉や概念、ツールなどに初めて触れた人の反応は、次の三つに大きく分かれるのではないかと思います。

①新しさやもの珍しさに脱帽して「妄信《もうしん》」してしまう。

②「できない面」に目を向けて「全否定」してしまう。

③「ここはいい」「ここはだめ」と、長所と短所を把握した上で最大限に活用しようとする。

一昔前でいえば「ＩＴ」への反応も、この三通りだったのではないでしょうか[17]。個人レベルでのパソコンの利用や企業・組織レベルでの大規模なＩＴシステムの導入など、みなそうですが、うまく活用できているのは③のスタンスを取った人ではないかと思います。「ＩＴで何でも解決できる！」と「妄信」あるいは「過信」してしまうと、いずれ必ず「目が覚める」ときがきて、妄信が失望に変わっていきます。

また、一部の否定的な面に目を向けて「所詮《しょせん》あんなもの、人間にはかなわないんだよ」と真っ向から背を向けた人たちはいずれ必ず「時代に取り残されて」化石や恐竜になってしまうでしょう。

①と②の発想は、「短絡的な」考え方と呼ぶことができます。「単純に」と「短絡的に」では大きな違いです。

では、短絡的にならないためにはどうすればよいのでしょうか。世間の評判だけであることを妄信したり、少しでも否定的な面が見えたからといって否定するのではなく、情報をしっかりと自分の目で見極めて、使えるところと使えないところを「切り分けた」上で使えるところを活用していけばいいのではないでしょうか。

さらにいえば、本書の主題である「地頭力」も同じです。次にご紹介するのは、「地頭力」に対する反応と、それを聞いた私の「心の声」です。

17　その後も新しいテクノロジーが出てくるたびに同じことが起こったことはこの15年でも同様です。「キャッシュレス」「ドローン」「ブロックチェーン」などと置き換えればすべて同じ構図といえるでしょう。

①「これだよ、いま必要なのは！　これさえあれば全部解決するな」
（ソレホドノモノジャ　ナイデスヨ……）
②「『地頭』以外にだって、大事なことがいっぱいあるんだよ」
（ソンナコト「アタリマエ」ジャナイデスカ……）
「だからそんなこと、どうでもいいんだよ」
（ホントニソウデスカ？）

「地頭力ですべては解決しない」は自明の理です。

もともと「三つの知的能力」の一つではあるし、人間が生きていく上で必要なことは、知的能力以外にもあります。健康や体力・精神力が必要なのはいうまでもないでしょう。また、スキルよりもっと重要なのは意欲だったりもします。

では、だからといって何の役にも立たないスキルかといえば、それも違います。要は、物事にはつねに二つの面があること、それらの片面を見て短絡的な判断をするのではなく、両者の長所と短所、共通点と相違点をしっかりと見極めて考え、行動することが求められるのです。

「たかが地頭力、されど地頭力」

地頭力についても、こんなスタンスで活用していただければ、きっと読者のみなさんのお役に立てるのではないかと思います。

人の長所と短所も「切り分け」てみる

同様のことが、人の評価についてもあてはまると思います。先項で述べたのと同様に、その人の長所すべての人には長所もあれば短所もあるはずです。いずれ「目が覚めて」一気に失望が襲ってくることでしょうだけを見て「妄信」してしまえば、いずれ「目が覚めて」一気に失望が襲ってくることでしょう（「一目ぼれ」がこのパターンです）。あるいは逆に、一部の短所を見て偏見を持ってしまってその人を毛嫌いするのも考えものではないかと思います。

人間のストレスのほとんどは、人間関係からきているといわれます。そのストレスに押しつぶされないためには、長所だけ、短所だけ、あるいは相手の一面だけから全体を「短絡的に」判断するのではなく、その人の長所も短所もきちんと認識した上で付き合うのがよいでしょう。それが、よい関係を長続きさせるコツでもあると思います。

「単純に考える」と、「短絡的に考える」とでは大きな違いがあります。「単純に考える」とは、物事の「本質的な特徴」を抽出して、それ以外を枝葉として切り捨てて、物事をシンプルにつかむことです。これに対して「短絡的に考える」は、「物事の一部」だけを見て、それが全体であると安易に解釈することです。

図40　ベン図と「田の字チャート」は同じ意味を持つことがある

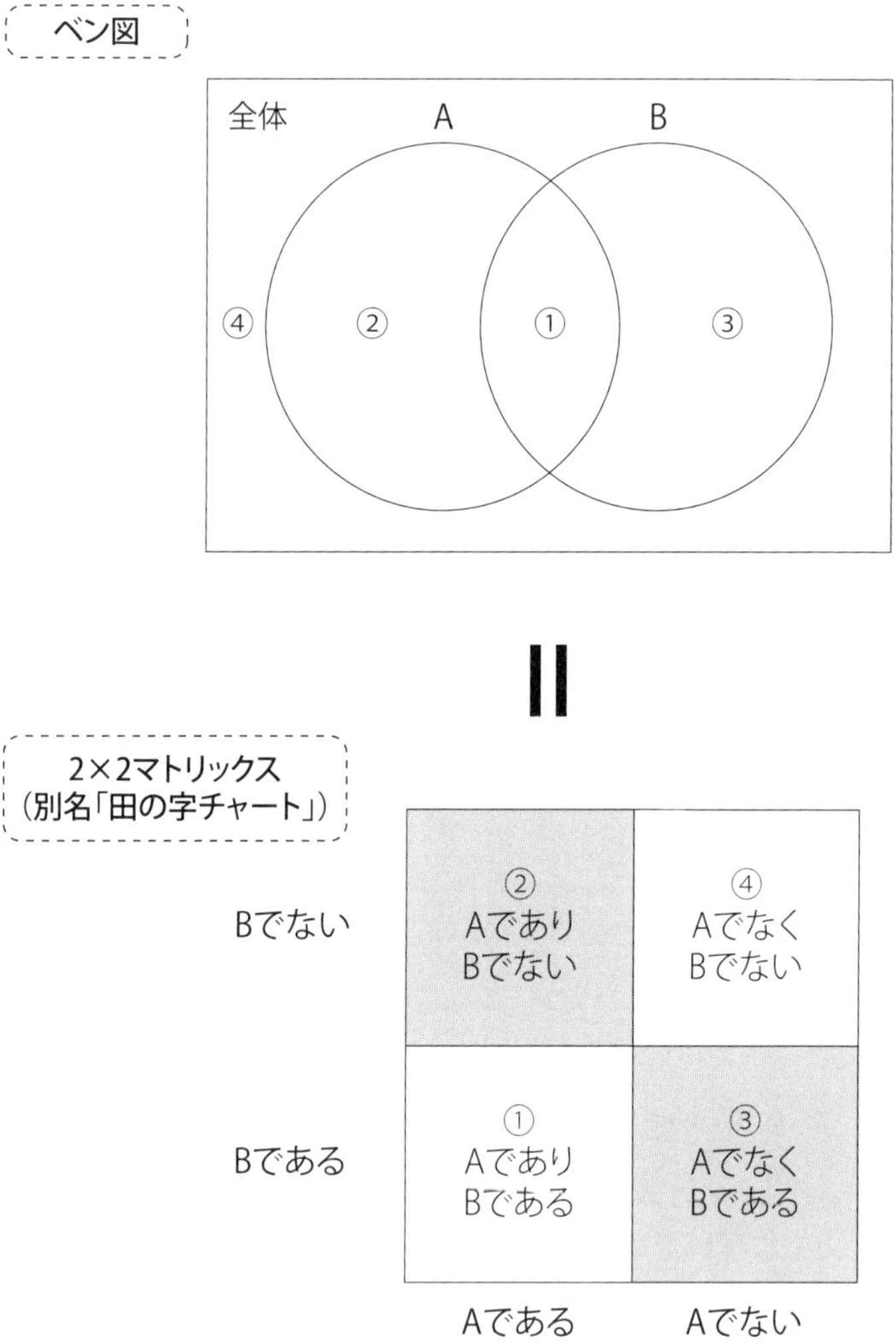

図41　似ているものが「じつは少し違う」と思うと隙間が見えてくる

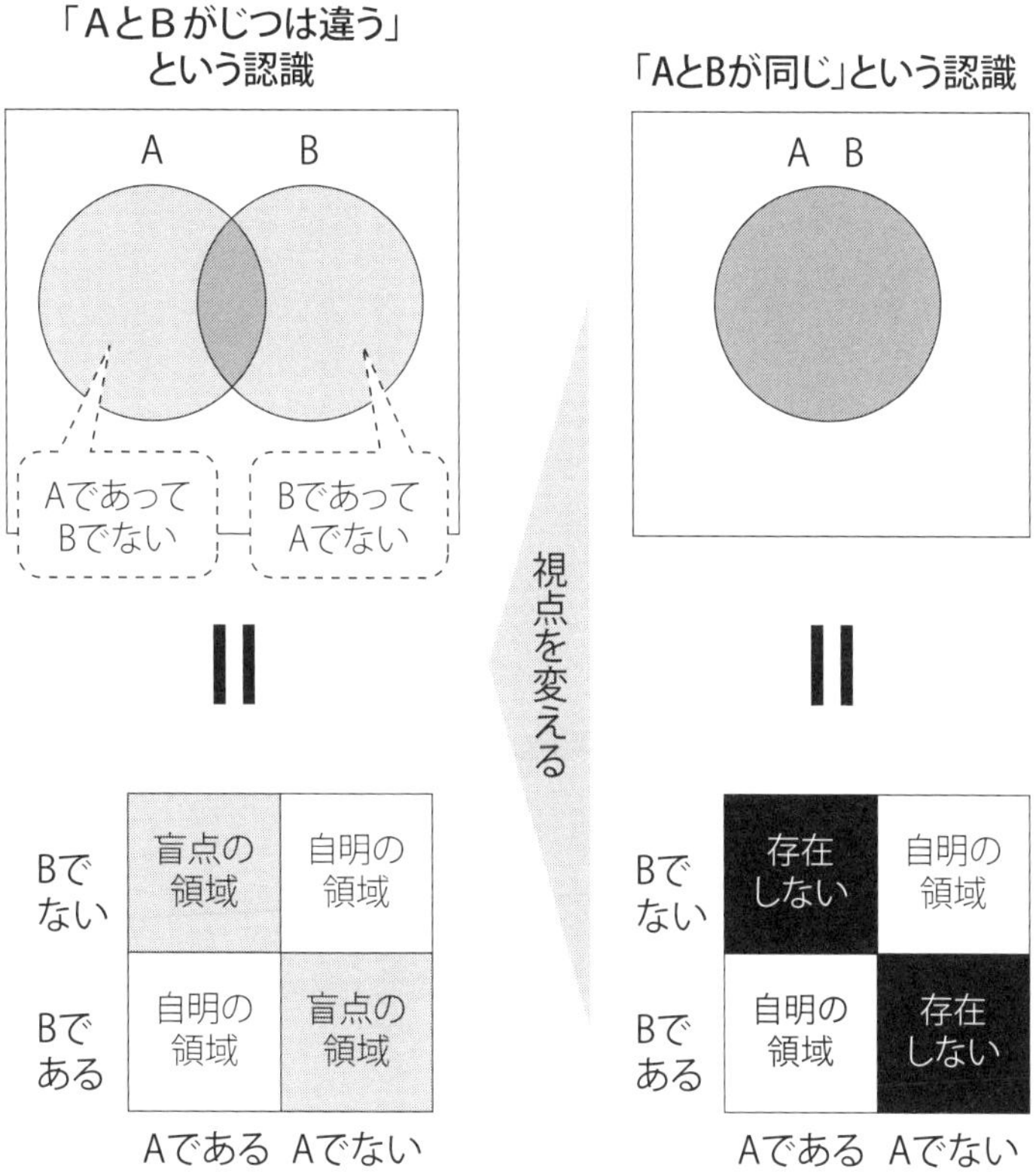

「田《た》の字《じ》チャート」を使ってみる

問題解決のプロフェッショナルであるコンサルタントが、「切り分ける」作業をするときに使っているツールの一つをご紹介しましょう。それは「２×２マトリックス」、別名「田の字チャート」です。このマトリックスにはいくつかのパターンがあるのですが、「相違点を切り分ける」作業で使うと、非常に有効です。

まず、このパターンの場合は、マトリックスがどのような意味を持つかを明確にしておきましょう。

みなさんは、「ベン図」と呼ばれるものを学校で習った記憶があると思います。２×２マトリックスのうちのある種のものは、この「ベン図」と同じ意味を持っています（図40）。そして、この図を応用すると、「問題点を切り分ける」ことができます。ここでは、「一見同じように思えるＡという事象とＢという事象がじつは違う」と考えるに至る過程をこれらの図で表現してみましょう。

図41を見てください。

ＡとＢは同じように見えますが、図のようにベン図のＡとＢの円を「ずらしてみる」ことによって、「ＡであってＢでない」、あるいは「ＡでなくてＢである」という状態に着目することができます。そこはいわば「隙間」の領域であり、新しい発想の宝庫であり、ビジネスチャンスが転がっています。

たとえば、

A＝年収の高い人

B＝高級車を買う人

としてみます。常識的に考えればAとBはほぼ等しいように思えますが、これらを「ずらして」考えてみると、「年収が低くても高級車を買う人」がいるのではないかという仮説を立てることができます。同じようなアプローチをすれば、こうした例はいくらでもあげていくことが可能でしょう（ABともに白か黒かのように二分できる必要はありません）。

「生まれつき」と思われていた地頭力に、じつは生まれつきでない部分があるという発想も、同じようなプロセスで考えることができるのです。52ページの図5でいえば、「生まれつきのもの」をA、「地頭力」をBと置き換えて考えてみればわかると思います。また「簡単なことを難しく言う」という180ページの図39の発想も、同じ考え方のプロセスから出てきたものです。

ここまで、田の字チャートの一例を見てきましたが、田の字チャートの用途はこれ以外にもあるので、田の字＝ベン図とは「短絡的に」考えないでください。

ビジネスは戦争より恋愛に似ている？

共通点と相違点を切り分けて考えて、対象物の特徴を明確にすることを通じて「モデル化」を行うことができます。抽象化思考に必要不可欠なモデル化を練習してみましょう。

【問題】

①ビジネスと戦争との共通点と相違点をあげてみてください。

②ビジネスと恋愛（相手と「付き合いたい」と思っている片思いの段階）との共通点と相違点をあげてみてください。

③これらから何がわかるでしょうか。

【解説】

この問題では、抽象化思考に必要な要素である、「言葉の一般化」と「モデル化」について考えてみます。

●「言葉の一般化」による共通点・相違点の抽出

①と②でまず考慮すべきは、「言葉の一般化」です。図42を見てください。

ビジネスと戦争の比較においては、ビジネスをまわしていくために必要なのがいわゆる「ヒト・モノ・カネ」といわれる従業員や生産設備、運転資金といったものであるのに対して、戦

図42　ビジネスと戦争と恋愛と

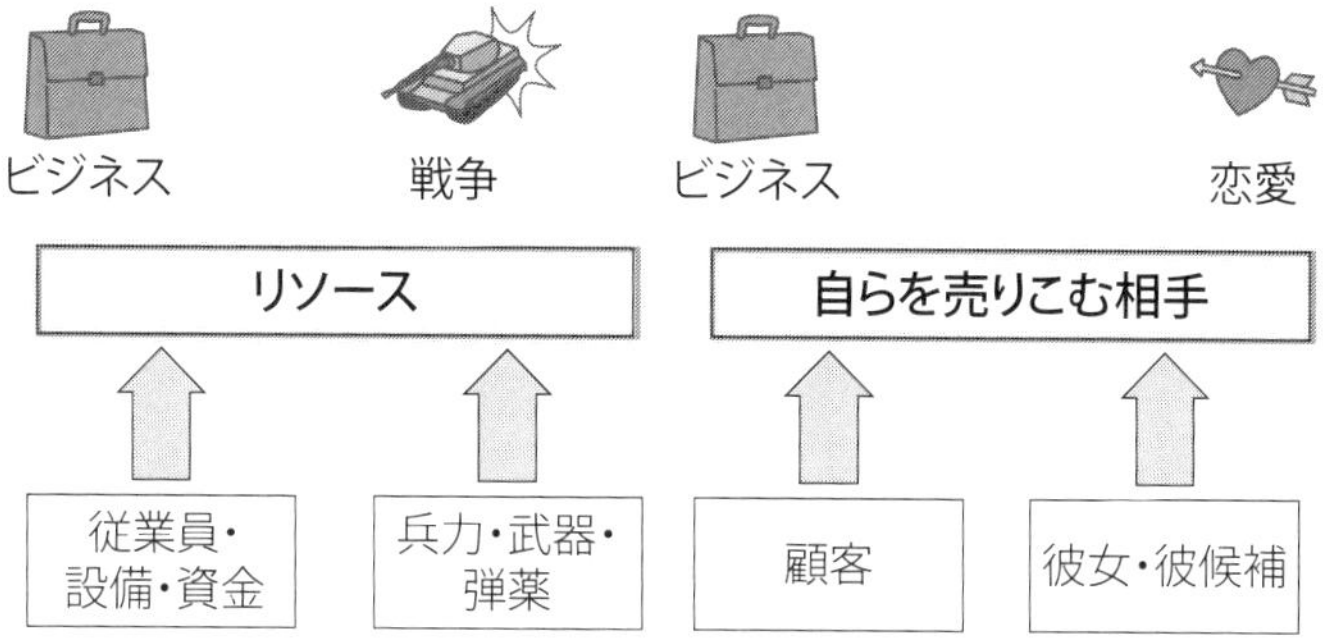

争では兵力、武器、弾薬といったものが必要です。これらは「リソース」(資源)という言葉で一般化できます。つまり、これらの共通点というのは、「限られたリソースを最適に活用する必要がある」という点で抽象化すれば、同じものであるとみなすことができます。

ビジネスと恋愛の場合も同様に、言葉の一般化を試みてみましょう。

ビジネスにおける顧客、恋愛における彼女・彼候補という、自分にとって最も重要な相手プレーヤーは「自らを売りこむ相手」であると考えれば、一般化することができます。

その他も含めた①②の解答例を図43と図44に示します(ここにあげているものはほんの一部で、ほかにもたくさんあると思います)。

これらの解答例のように、表面上は異なる言葉を一般化していくことによって、共通点が広がっていきます。こうした例は、私たちの身のまわりにいくらでも見つけることができます。一つの業界で特殊な言葉として用いられている言葉が、他の業界でも言葉は違えど同じ概念が存在しているということはよくあります。こうして見ると、特殊だと思える業界もじつは特殊でなかったりするのです。

●「モデル化」による根本原因の考察

それでは次に、これら三つの世界の共通点と相違点ができる根本的な原因を考えてみましょう。ここで「モデル化」という概念が役に立ちます。抽象化思考に必要な「対象物から離れて考える」ことを試みてみましょう。

三つの世界を「離れて」見て、「プレーヤー」（これも言葉の一般化です。つまり各々を複数の登場人物から構成される「ゲーム」とみなすわけです）という観点でモデル化してみましょう。図45を見てください。「枝葉を切り捨てて」主要プレーヤーのみの関係を示しています。

まずビジネスですが、これは経営分析などで用いられている「3C」という言葉が代表するとおり、自社（Company）、競合（Competitor：実際は複数だがここでは概念的に一つとする）、顧客（Customer）の三つが主要プレーヤーといえます。このほかに「アライアンスパートナー」（提携先）なども考えられますが、ここでは三者に対しての相対的位置づけは低いとみなして無視します。

次に戦争は、「自国」と「敵国」が二大プレーヤーになります。ここでも「第三国」といったプレーヤーの登場もあり得ますが、前記二者とは位置づけを下げています。

図43　ビジネスと戦争、双方で使える手法とは？

	ビジネス	戦争
共通点	●「自らの繁栄」のために敵を倒すことが目標 ●集団としての組織を最適活用して戦う ●限られた「リソース」の最適活用が重要 ●指揮官のリーダーシップが重要	
相違点	●プレーヤーが大きく3者（顧客、自社、競合他社） ●自社と「顧客」はプレーヤーとしては対等ではない ●Win-Winの関係 ●一定のルール化で競争	●大原則は主要プレーヤーが大きく2者 ●自国と相手国はプレーヤーとして対等 ●敵国とはWin-Loseの関係 ●ルールがほとんどない

図44　ビジネスと恋愛、双方で使える手法とは？

	ビジネス	恋愛
共通点	●自分・相手（顧客）、競争相手の3者構造 ●「相手の気をひいてこちらに引きよせる」 ●相手に「売りこむ」という行為 ●できれば競争相手はいないほうがよい ●心理戦やかけひきが重要	
相違点	●集団プレー ●どちらかというと論理優先	●個人プレー ●どちらかというと感情優先

最後に恋愛ですが、ときに「ライバル」というビジネスでいう「競合」が出現する場合もありますが、「自分」と「相手」が二大プレーヤーです。

さて、この「モデル化」によって何がわかるでしょうか。
一つには、ビジネスでは主要プレーヤーが三者であることによって、①自社―競合、②自社―顧客という二つの大きな関係が登場することがわかります。①に戦争との類似点が見られ、②に恋愛との類似点が見られます。もう一つには、プレーヤーが個人であるか集団であるかの違いが見られます。

これら二つの「構造」に、図43と図44に示した共通点と相違点のほとんどの根本原因があります。

まず、一つ目の「自社―競合」関係を見てみましょう。

ビジネスはしばしば戦争にたとえられ、戦争において「必要に迫られて」開発された方法論が数多く流用されています。孫子の兵法、クラウゼウィッツの戦争論、あるいはもともと「兵《へい》站《たん》計画」を表していたロジスティクスやオペレーションズリサーチなどは、いまやビジネス面での活用で主役になっていたりします。また集団活動という共通点の観点から「組織論」や「リーダーシップ論」などにおいても、軍隊の手法や歴史上の戦争や戦国時代の武将がビジネスパーソンの間で人気だったりします。

では、もう一つの「自社―顧客」の関係ではどうでしょう。戦争には基本的に「顧客」という

図45　3つの「ゲーム」の類似点と相違点

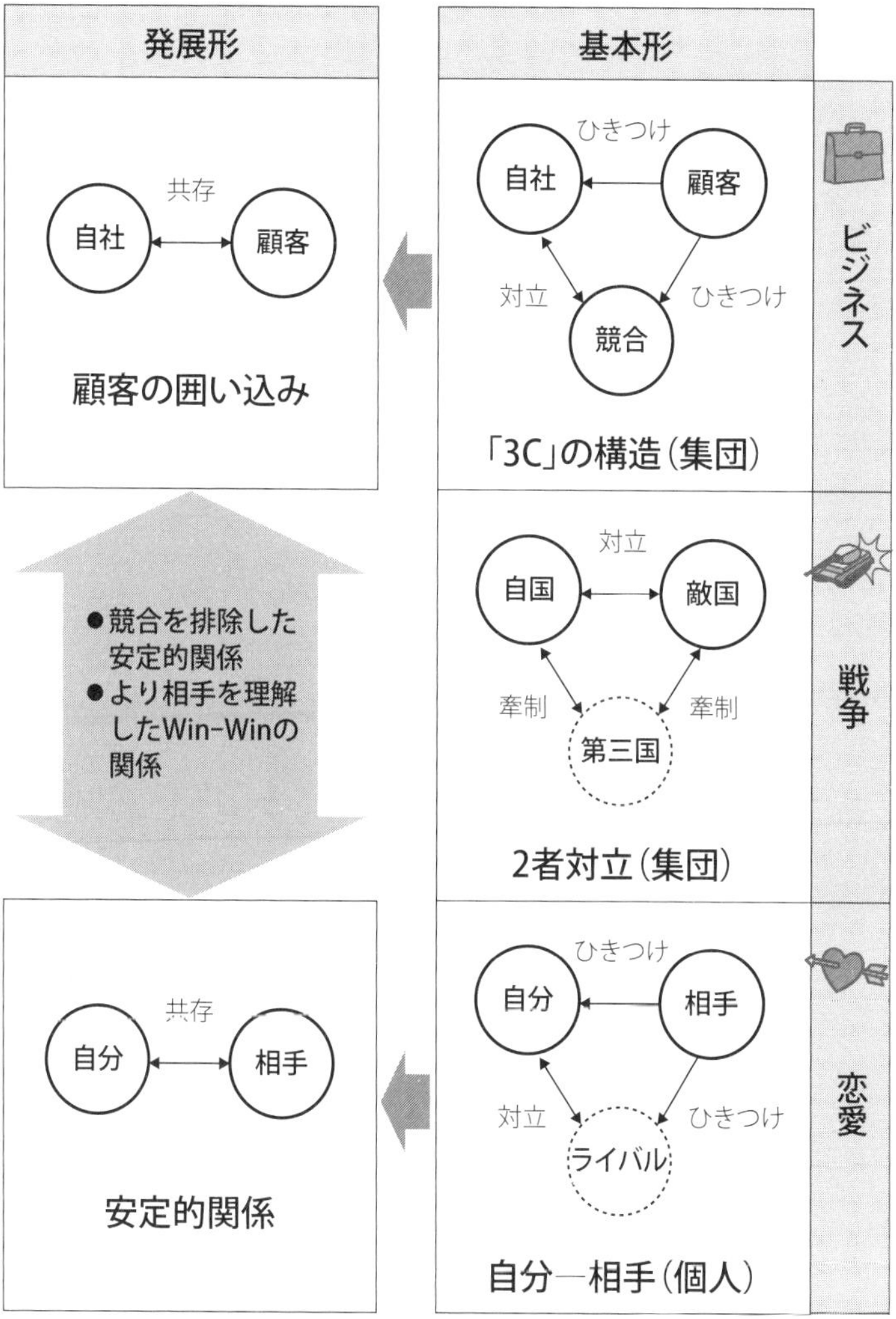

プレーヤーがいません。したがって、この関係の類似性においては、「方法論」としては戦争よりも恋愛のほうが役に立つ可能性が高いのです。たとえば、図45左のように、このモデルの「発展形」は両者とも類似のものになることがおわかりでしょう。

「自社―顧客」関連の方法論として代表的なのはマーケティングですが、これは集団か個人か、論理重視か感情重視かという相違点を除けば、ビジネスも恋愛も同じような方法論が適用できることがわかります。

　ここであげた二つの相違点も、一人一人の顧客を個人として扱う場面を考えれば、限りなく恋愛の手法が可能になってくるでしょう。「個々の人をひきつける」という方法論でいけば、恋愛のほうが「必要に迫られている」分、発達しているのではないでしょうか。

　一見「集団・論理重視」と思われているビジネスに「個人・感情重視」の恋愛の手法を適用してみる、あるいは逆に、一見「個人・感情重視」と思われる恋愛に、「集団・論理重視」のビジネスの手法を持ちこんでみることが、意外にも有効だったりするのではないでしょうか。たとえば、合コンのような「競合」の存在が明確である場合、「競合とどうやって差別化するか」というビジネスの手法が使えるかもしれません。

いま、すぐ「単純に」考えるための七項目

①自分の仕事の内容を小学生にわかるように説明してみる。

②最近出合った新しい概念やツールを「たかが△△、されど△△」の△に置いてみて、どこが「たかが」で、どこが「されど」なのかを考えてみる。

③自分の環境（事情）が、他人と比べて本当に特殊なのかどうか再考してみる。

④仕事の手法が恋愛に適用できないか考えてみる。逆も同様に考えてみる。

⑤大好きな人の短所と、大嫌いな人の長所を探してみる。

⑥一見、まったく違うように思える職種をピックアップし、自分の職種との共通点をあげてみる。

⑦身近な「おやじギャグ」をピックアップし、その面白さ（つまらなさ？）を分析してみる。

第5章

力試し

フェルミ推定を解いてみよう

1 例題を解いてみよう

膨大な物理量を短時間で算出する

フェルミ推定は、「問題解決」の専門家である外資系コンサルティング会社やＩＴ企業などにおいて、伝統的に面接試験で用いられてきました。これによって試すのは「考える力」すなわち地頭力です。「日本国内に自動車は何台あるか？」「世界中にゴルフボールは何個あるか？」といった、ある意味、荒唐無稽《こうとうむけい》ともいえる膨大な物理量を短時間で算出することをいいます。

「フェルミ推定」の名称は、物理学者であるエンリコ・フェルミ（一九〇一～一九五四年）に由来します。フェルミ自身がこういった概算能力に傑出していたとともに、教鞭《きょうべん》をとったシカゴ大学で学生に対してこうした質問を出題していたことから、彼の名が冠せられました。フェルミ自身が出題した古典的問題としては、「シカゴにピアノ調律師は何人いるか？」が有名です。

このフェルミ推定で、本書で述べてきた「結論から」「全体から」「単純に」考える思考法をトレーニングすることができます。例題を一つ、あげておきましょう。

日本全国に美容室は何軒あるか？

次の問題を電卓やパソコンなどを使わずに紙と筆記用具だけで、三分間で解答してみてください。

【問題】

日本全国に美容室は何軒あるか？

【解答例】

フェルミ推定で重要なのは、どういうプロセスでこの問題を解いたかということで、実際の値に近いかどうかは二の次です。まずは概算で答えを出してみて（これが仮説になります）、それから各種の情報源をたどりながら、解答の精度を高めていく第一歩として用いられます。

この問題は、以下の手順で解答します（図46）。

①アプローチ設定

美容室の数を数えるには、

- 面積あたりの美容室の数（たとえば一キロメートル四方に平均何軒あるか）
- 人口あたりの美容室の数（たとえば人口何人あたりに何軒あるか）

などから算出するのが妥当でしょう。

ここでは、人口あたりの数ということで算出することにします。

同じ美容室に行く人ばかりとは限りませんが、ここではすべての美容室は一ヵ月に一回訪れる固定客で成り立っていると仮定します。そうすれば、平均的な美容室に一ヵ月あたり何人のお客が来るかを考えれば、それが美容室一軒あたりの客数ということになります。

一方で、全国で定常的に美容室に通っている人の総数がわかれば、美容室の総数がわかるでしょう。

②モデル分解（詳細は図46参照）

●日本全国の美容室人口を全女性の八割と全男性の三割に分解

●美容室一軒あたりのお客の数を「平均席数×一席あたりの一日顧客数」と因数分解

●一席あたりの顧客数は平日と週末で二倍の格差があると仮定して平日と週末を分解

③計算実行

以下の変数を想定して②の式に代入します。

●美容室一軒あたりの平均席数：五

●一席あたりの一日の顧客数：四（土・日）、二（平日四日間）

●日本の人口：一億二〇〇〇万

●男女比：一対一

●全女性の中で美容室に行く人の割合：八〇パーセント

図46　練習問題解答例　「日本全国に美容室は何軒あるか？」

	考慮すべきポイント	結論
アプローチ設定	●美容室に対する「需要」と「供給」という観点で考える ●「需要」とは，美容室に通っている人口 ●「供給」とは，美容室軒数に１軒あたりの顧客数を乗じたもの ●平均的に１ヵ月に１度程度の利用を仮定し，上記を１ヵ月単位で算出する	●全国での美容室の需要を満たすための軒数が必要と考える
モデル分解	供給（美容室軒数 × 1軒あたり顧客数）　需要（美容室人口） 美容室軒数 × 1軒あたり顧客数 = 美容室人口 ↓ 美容室軒数 = 美容室人口(A) ÷ 1軒あたり顧客数(B) (A)　美容室人口 = 女性の美容室人口 + 男性の美容室人口 (B)　1軒あたり顧客数 = 週末の顧客数(C) + 平日の顧客数(D) (C)(D)共通　顧客数 = 座席数 × 1席あたりの顧客数	●左記のモデル化のとおり
計算実行	●美容室１軒あたりの平均席数：５ ●１席あたりの１日の顧客数：4（土・日），2（平日４日間） ●１ヵ月を平均4週間 ●日本の人口：1.2億（人） ●男女比：１対１ ●美容室に行く人の割合：0.8（女性），0.3（男性）	●左記をモデルに代入して，約20万6,000軒と算出
現実性検証	厚生労働省のデータから217,247軒（2007年3月末） ＊注18参照	●誤差は５％程度と小さかった（注18参照）

●全男性の中で美容室に行く人の割合：三〇パーセント

計算の結果、約二〇万六〇〇〇軒と算出できます。

④検証

厚生労働省のデータによると、二〇〇七年三月末現在、美容室の数は二一万七二四七軒です。[18]
計算結果は、結果としてはかなりの精度で実態に近かったといえます。

⑤解答に際して重要なこと

①～④のプロセスで出た解答は「たまたま」正解（実態）に近いものでしたが、フェルミ推定では、正解に近い解答を算出することが必ずしも求められるわけではありません。重要なのは、どういう思考プロセスを経てその解答に至ったかということです。たとえばあなたが男性ならば、一般的な女性が美容室に行く頻度はあまり知らないかもしれませんが、「仮にこのくらいだったら」と仮定して算出しておけば、あとからその精度を上げていくことができます。重要なのは、限られた時間と情報で、できるだけの推論を展開するということです。「わからなくてもやってみる」「情報が足りなくてもやってみる」が、「結論から考える」仮説思考の発想です。
また、フェルミ推定では、思考回路や発想の転換が求められます。細かい計算よりも思い切った発想ができるかどうかが、ポイントです。

⑥マーケティング分野への応用

この例題は、新規事業や出店の計画を立てるときの簡単なシミュレーションといえます。したがって、さまざまな応用が可能でしょう。潜在顧客数を短時間で推定してみる訓練は、ビジネスの基本として広範囲に適用できます。ためしに同じようなロジックで、「日本全国にガソリンスタンドが何軒あるか[19]」を算出してみてください。

　できましたか？

18　二〇二〇年度のデータでは、日本全国の美容室数は二五万七八九〇軒、誤差は約二〇％になっています（厚生労働省「令和二年度衛生行政報告例」より）。結果として誤差は少し広がりましたが、「ざっくりと短時間で概算する」というフェルミ推定の趣旨からすれば、「十分な精度」であったと言えるでしょう。

19　「ガソリンスタンド」というのもこの15年で変化が大きかったものの一つですが、ＥＶ化の流れで考えると、当時とは別の意味でこの問いに意味があるとも考えられるので、あえていま考えてみてもよいのではないかと思います。

2 地頭力トレーニングにぴったりのフェルミ推定

「通じない悲劇」を解消するために

私が地頭力のトレーニングツールとしてフェルミ推定に着目した背景には、そのきっかけとなったいくつかの経験があります。

地頭力の三つの思考力の中でも、とくに「仮説思考」は、できる人にとってみれば何でもないことなのですが、できない人にとっては「まったく理解不能の考え方」であり、まったく話が通じない場合があるのです。

「情報が先か仮説が先か」という議論は、下手をすると「にわとりが先か卵が先か」と同じくらいに水掛け論になることがあります。

たとえば調査会社が、ある顧客から新規事業に関する市場調査を依頼されたとします。

顧客（以下、顧）「△△に関して調べてほしいのですが」

調査会社（以下、調）「最終的にその結果をどういうふうに活用されたいのですか？」

顧「はっきりしないんだけど、まずは調査してみようかと思って」

調「そうは言っても、仮にでもどう使えそうかという想定をしておいたほうがいいのではないでしょうか？」

顧「でも、それがわからないから調査をするんでしょう」

調「しかしですねえ、無目的に調査するよりは……」

顧「だからあ！」

会社や立場や状況にさまざまなバリエーションはありましたが、私はこうした「悲劇」が現場で起きているのを何十回も見聞きしてきています。

たしかに「無目的に」情報を探査しなければならない場面もないわけではないですが、通常は「仮説ありき」で探査すべき場合がほとんどです。重要なポイントは、「仮説思考」という考え方を十分に理解した上で、どちらのアプローチがよいかを議論すべきである、ということです。

これは上司と部下との間でも十分起きる可能性があります。

どこかで新しいキーワードを仕入れてきて、思いつきで部下に調べさせて、結局その場限りになって机の上（パソコンのデスクトップ）にレポートの山を築いている上司はまわりにいませんか？　優秀な部下ほど、仮説を立てて調査をします。そんな部下の上に仮説思考を理解していない上司がいると、右に紹介したのと同じような「悲劇」が起きてしまうのです。
そうなることを防ぐには、両者の「思考回路の相違」を共有し、はっきりと認識する必要があります。そうしなければ、「悲劇」は永遠に繰り返されることになるでしょう。

フェルミ推定に対する誤解を解く

前著『地頭力を鍛える』で紹介したフェルミ推定は大反響を呼び、私のところにも多数のご意見やご質問が寄せられました。その中には、私が意図していなかった理解や誤解が多数ありました。本項では、地頭力トレーニングとして用いるときに知っておくべき、フェルミ推定の「本当の意味」と、読者への疑問に回答したいと思います。
まず図47を見てください。これはフェルミ推定に関しての私の意図したところと、よくある「誤解」をあらわしています。その「誤解」について、説明していきます。

×フェルミ推定はＨｏｗが重要である。

私がフェルミ推定をすすめる理由は、「結論から」「全体から」「単純に」考えるという地頭力のエッセンスを簡単に学ぶことができるからです。したがって、学ぶべきは根本にある考え方、つまり「Ｗｈｙ」の部分であって、単に表面的な計算手法、つまり「Ｈｏｗ」を学ぶものではありません。

図47　フェルミ推定の「正しい理解」と「誤解」

フェルミ推定 is ...	フェルミ推定 is **NOT** ...
○ "Why"を学ぶためのものである	× "How"が重要である
○ 少ない問題で「方法論」をつかむ	× 数をこなして解き方を暗記する
○ 日常生活の隙間時間に実施する	× 机の前に座って長時間考える
○ 時間制限を設けて概算する	× 時間をかけて精緻な答えを出す
○ 「概算値」を短時間で算出する	× 最終結果を高い精度で算出する

×数をこなして解き方を「暗記」する。

前述した「How」でなく「Why」を学ぶためには、どうすればよいか。それは、やみくもに同種の問題を解いて数をこなすことよりも、たとえば一つの問題でもどういう手順で、どういう切り口で対象を捉えていくか、といった考え方を習得した上で、その応用として、練習問題を解いていくべきでしょう。

本質をつかむための訓練として、ある程度の数をこなすことは重要ですが、それよりはバリエーションのある問題をこなすほうが有効です。同じタイプの問題をいくつ解いても、それは単なる計算問題練習（小中学生のときにやった「〇〇ドリル」のような）になってしまいます。

フェルミ推定は、単なる「計算問題」ではありません。

×机の前に座って長時間考える。

フェルミ推定は机の前に長時間座って何十題もまとめて解くようなものではなく、日常生活の中で出てきた簡単な疑問について、短時間で概算するためのものです。地頭力をトレーニングする上では、知的好奇心を喚起するためにフェルミ推定を使うのです。

思考トレーニングのツールとしてフェルミ推定が適しているのは、「いつでもどこでも」簡単にできるということです。しかも、お金も手間も一切かかりません。電車の中で中吊《なかづ》りポスターの枚数を概算してみる、歩きながら郵便ポストの数を概算してみる、雨が降ってきたら年間の傘の消費量を考えてみる、あるいは飲み会の場で一日のビールの消費量を皆で競って推定してみる（携帯で「正解」がわかるような問題であれば、その場で最も近い解答の人に賞品を出すなどの遊びも可能です）など、日常生活に組み込んでしまうことが重要だと思います。

地頭力は「はじめる」ことがいちばん大変であり、そのためには「知的好奇心」が重要であると前述しましたが、そのためにフェルミ推定を使うのは非常に有効でしょう。

×時間をかけて精緻《せいち》な答えを出す。

フェルミ推定は、時間をかけて精緻な答えを出すためのものではなく、時間制限の中で最善の答えを出すためのものです。

これは後述の「思考回路の転換」に必須の考え方です。

受験教育の弊害なのか、私たちは暗黙のうちに、「ある精度以上の答えを出せないなら、出さないほうがまし」と思いこんでしまっているようです。この考えに凝り固まっていると、限られた時間で答えを出せといわれても、精緻でない答えを出すことに本能的に罪悪感を持ってしまい、「わからない」「時間が足りない」と言ってしまうのです。

とくに、まじめで几帳面な人ほど、この発想から転換できません。精度と時間については、２１３ページを参照してください。

×最終結果を高い精度で算出する。

フェルミ推定は、最終結果を高い精度で算出するためのものではなく、とっかかりとしての概算値を出すためのものです。

この前提条件に誤解があると、フェルミ推定をうまく活用することができません。当然のことながら、最終的にある意思決定をしようと思えば、それなりに裏づけのあるデータを使った意思決定が必要でしょう。ただしその場合でも、まずは六五点（場合によっては、精度的には三〇点でも）の答えと算出プロセスを考えて、最も精度が低そうなところ、あるいは自信のないところから情報調査をはじめれば、やみくもに調査するよりもはるかに効率的な情報収集ができます。この点でも、フェルミ推定の精神が生きます。

フェルミ推定は「思考回路を転換」するツール

「フェルミ推定はＨｏｗでなくＷｈｙを学ぶためのもの」と先述しましたが、ここでは具体的に、Ｗｈｙ（考え方）を学ぶツールとしてのフェルミ推定を解説したいと思います。

フェルミ推定は、考え方のパラダイムシフト（根本的な転換）の訓練ツールです。表面的な計算だけでなく、問題を解くときの手順・考え方から以下のような思考回路の転換を図れば、「世界が違って見える」瞬間は、もうすぐです。

「結論から・全体から・単純に考える」というイメージトレーニングをできるのが、フェルミ推定なのです。

①思考回路を起動する（知的好奇心の喚起）。

前述したように、身近なテーマを使って、いつでもどこでも、「考える」という思考回路を起動するのに有効です。

②「正解依存症」から脱却する。

本書のメインテーマである、問題解決における「知識・情報」から「思考」へのシフトという「思考回路の転換」にフェルミ推定は有効です。日本の教育は伝統的に、知識を「正解」として詰めこむことに重点が置かれてきました。その結果として、つねに「正解を覚える」ことが試験対策としての重要な関心事となっていました。

これは「欧米」というお手本がいる時代には有効に機能しました。ところが、前述のとおり、お手本をまねるのではなくオリジナルのアイデアで勝負する時代になってきたこと、「正解がはっきりしているもの」はインターネットで簡単に入手できるようになったことで、「答えがわからない問題を考える」、あるいは「正解」を使ってさらに新しい知的付加価値を創造することが求められるようになったのです。

③「精度∨時間」→「時間∨精度」へ発想を転換する（結論から考える）。

「一〇〇点主義」→「六五点主義」への発想の転換ともいえます。

私たちの身のまわりで起きていることは、①時間を度外視してでも完全な仕上げをしなければならない（できなければ時間を延ばす）状況と、②時間を制約条件としてその中で最善の答えを出す、という二つの状況があります。

たとえば企業のＩＴシステムの開発や建築物の顧客への納品といった状況では、「期限内にどうしてもできなかったので、うまく機能しないかもしれませんが納品します」という態度は許されないでしょう。逆に、たとえば新しいビジネスをはじめるときなど、いくら考えても「正解」がないような状況では、起動するスピードのほうが重要になります（図48）。

インターネット革命後の現代においては、こうしたスピード重視の不確実な意思決定をしなければならない状況が圧倒的に増えてきています。[20] ところが私たちの多くは「正解」への呪縛や完璧主義から、「精度を犠牲にしてまでも時間を優先させる」ということが不得意です。こうした発想の転換を図るのに最適なツールがフェルミ推定なのです。

20　ＶＵＣＡの時代である現在にもどんぴしゃり当てはまります。

図48　「時間＞精度」の時代にぴったりのフェルミ推定

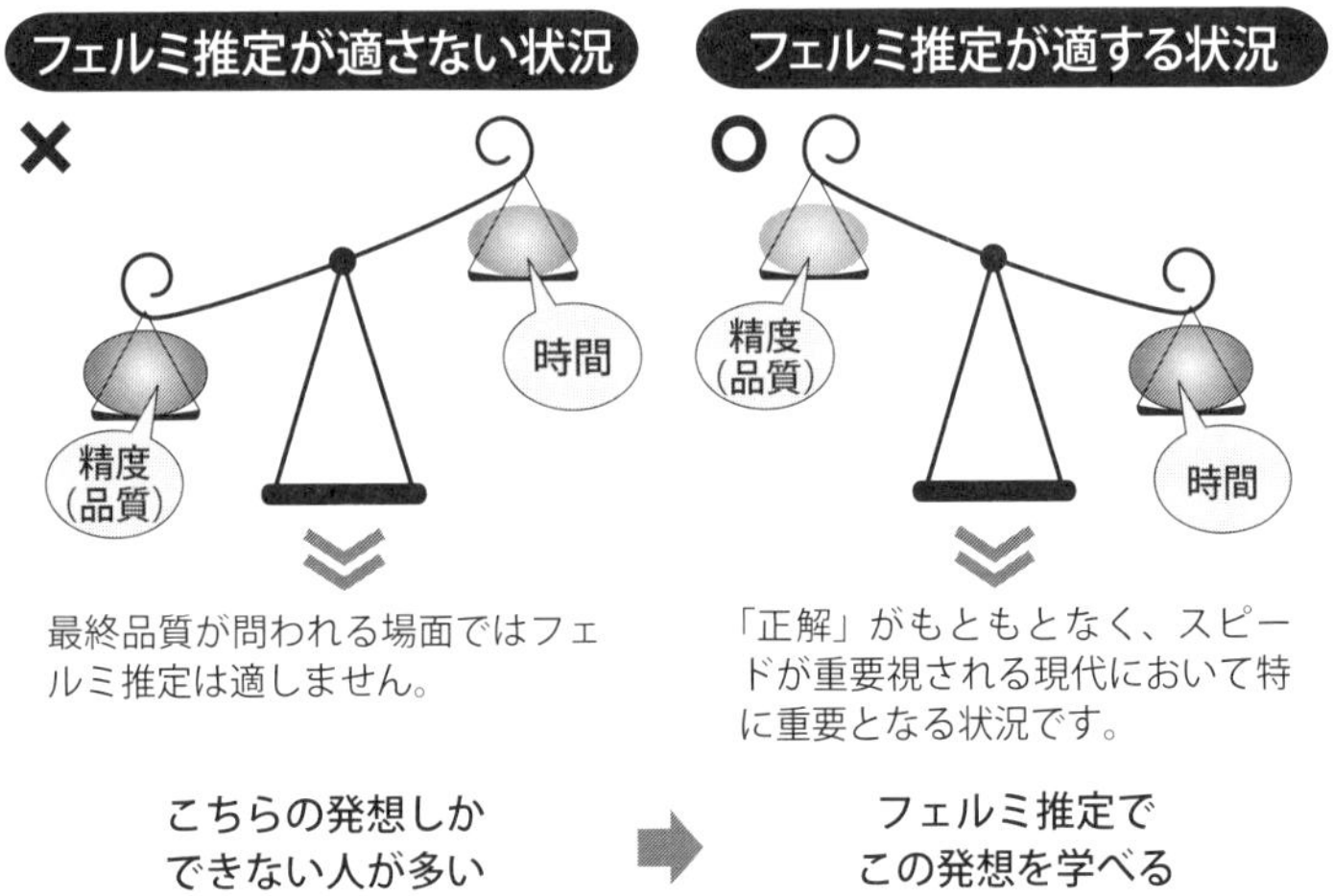

④「外枠を押さえて」から「特性別に分類する」思考（全体から考える）を訓練する。

149ページの図30の中で、全体から考える「フレームワーク型」の思考回路を訓練することができます。フェルミ推定をどのように進めていくか、その過程を見れば、その人の思考回路が図30の三つのうちのどれであるかがすぐに見分けられます。必ず外枠を押さえてからすべての分析をはじめる。これもまたフェルミ推定によって導ける「思考回路の転換」の一つです。

⑤詳細にとらわれずにモデル化すること（単純に考える）を訓練する。

対象物からどれだけ「離れて」考えられるかがこのモデル化で試されることになります。対象物に接近しすぎると、ついつい瑣末なことに目がいって森を見ることができなくなってしまいます。阻害求心力に打ち勝って思いっきり離れることも、フェルミ推定で訓練できます。

やっぱり「知識」は必要？

たとえば日本全国の電柱の数を算出するためには、「日本に関する常識」という知識を使わなければなりません。「知識力は問わない」というフェルミ推定にも最低限の常識が必要ですし、解答の「精度」も知識量にある程度は比例します。

ただし、フェルミ推定で問われるのは、「与えられた知識の中でどこまで勝負できるか？」という点です。「あり合わせの食材で、どこまでごちそうが作れるか」と言い換えてもよいでしょう。食材がなければ料理はできませんが、できあがりに差をつけるのは「料理の腕」です。

この問題を日本の地理教育を受けていないが、ある程度は日本国内の旅行経験のある留学生に出題したとします。もしこの留学生が「日本の人口を三億とする」という「間違った」前提条件で解いたとしても、その算出ロジックさえ合っていれば、フェルミ推定による概算としては必ずしも間違ったものではありません。あとで、人口の部分さえ正確なものに修正してあげればよいからです。

フェルミ推定は、もはや面接試験では使えない？

フェルミ推定の面接試験での活用方法を「採用側」としての立場から、あるいは応募者の側での対応の仕方をよく聞かれます。これに対する私の答えは、「普通のフェルミ推定は、面接試験では使いづらくなってくるでしょう」です。

本書で繰り返し触れてきたことですが、日本人は受験勉強時代からのDNAで、「答えを丸暗記して解答する」のが大得意です。いくらフェルミ推定が「知識でなく考え方のプロセスを試すもの」とはいっても、フェルミ推定がここまで浸透してくると、今度は解答プロセスのパターンを暗記して試験に臨む受験者が増えてくることは容易に予想されます。[21]

また採用側のほうでも、「問題を丸暗記して出題してくる」パターンがあるかもしれません。フェルミ推定のような「答えのない」問題の出題は、出題側にとっても難易度の高いことです。「答えのある問題」であれば、出題者側は「想定解答集」さえ持っていれば簡単に合否の判定ができます。しかし、純粋に「考える問題」を出題すれば、想定外のアプローチで解答が出てくることもあります。そんなときに、「それは想定解答にはないですね」などと言ってしまったら、これは逆に出題者側の「負け」となるからです。

考える力を試す面接試験は、面接官のほうも真剣勝負で臨む覚悟が必要となるでしょう。

21　その後コンサルティング業界やコンサルティングファームは就活生の人気となり、このような「対策」をする学生も増えてきたようです。ただし、「対策をする」のは本来対策ではないことは本文に記載の通りです。

3 フェルミ推定をビジネスの場に応用する

ケーススタディ――営業マンの商談

フェルミ推定をビジネスの場に直接的に活用する例をご紹介しましょう。「商談」ということになっていますが、こういった「その場で概算値を出すことによって話をつなぐ」という手法は、ビジネスにかぎらずさまざまな場面で利用できると思います。

中規模企業向けの経理ソフトウェアを販売している営業マンが、初めてのお客様を訪問しました。訪問先の情報システム部の部長にアポイントがとれています。こうした状況に対して、①フェルミ推定の活用初心者Aさん、②中級者Bさん、③上級者Cさんのそれぞれの対応と商談のゆくえをシミュレーションしてみましょう。

①初心者Aさん

●事前準備段階……何の準備もせずに商談に臨む。

●商談にて投資対効果を問われて……「お客様のことは何も存じ上げませんので、何ともお答えできません」「会社様によって状況が異なりますので、わかりません」

●その後のステップ……その場で終了。商談は成立しない。

②中級者Bさん

●事前準備段階……ホームページを漫然と見て、その会社の概略について情報収集をする。

●商談にて投資対効果を問われて……冷や汗をかきながら、その場で最低限の「ユーザー数」や「全国拠点の数」などを聞き出して、なんとか「フェルミ推定」して解答する。

●その後のステップ……情報システム部長から「じゃあ次はもう少し調べてから詳しい話聞かせてくれる?」と言われ、なんとか次の商談に持ち込める。

③上級者Cさん

●事前準備段階……訪問前に「商談で自分が何を聞かれるか」を想定し、一般的に情報システム部長の最大関心事である「投資対効果」を答えるにはどうするかを考える。「そのために必要な情報は何か」という観点で、ホームページその他で従業員数や拠点数などの基礎情報を収集しておく。

●商談にて投資対効果を問われて……事前に収集した情報をもとにして、概略の算出方法と結果を披露し、その場でのQ&Aにもそつなく答える[22]。

●その後のステップ……情報システム部長からは、おおむね好感触を得られ、次ステップでは実際のユーザー部門である経理部長と会い、さらに受注に向けての詳細をつめられるステップとなる。

以上を整理したのが図49です。フェルミ推定の応用によって格段の差がつくことがおわかりでしょう。もちろん現実は、そんなに単純ではないかもしれません。「中途半端な」情報や見積額を出していると、あとになって精度を高めた結果を出したときに、当初より値上がりしてしまい、「あのとき、△△円って言ったじゃないか！」と怒るお客様もいらっしゃるので、十分な注意は必要でしょう。

フェルミ推定した場合には、きちんとした算出根拠（算出式）をお客様と共有しながらその場で概算するところに意味があります。たとえば、「毎日使うユーザーの生産性が一〇パーセント上がると仮定します」などと前提条件を一つずつ共有し、形に残しておけば、誤解を少しでも減らすことができるでしょう。

22　何よりCさんのよいところは、この商談そのもののやり取りが活性化することです。これが追加の第6章で述べる「プロトタイプ」としてのフェルミ推定の意義です。

図49　フェルミ推定でこんなに変わる！

	事前準備	商談で「投資対効果は?」と聞かれて・・・	商談の結果は?
フェルミ推定初心者のAさん	何も準備せず	「情報不足でわかりません」「会社によって違います」	ゲームオーバー
フェルミ推定中級者のBさん	やみくもに情報収集	その場でフェルミ推定する	なんとか次の商談に持ち込む
フェルミ推定上級者のCさん	事前に仮説を立ててフェルミ推定し、不足の情報を収集しておく	事前の仮説をすぐに説明し、その場で議論に入る	受注に向けて詳細に踏み出す

こうしたケースは、営業マンにかぎったことではありません。およそ「初めての人と会うとき」は、こうしたやりとりが多かれ少なかれあてはまります。また、自分が主宰する会議の設定に臨んだ場合でも、まったく同様です。仮説を持って会議に臨み、そのための情報収集を事前に行えるかどうか、これを年中無休で行えるかどうかで会議の生産性は圧倒的に変わってくるでしょう。

日常のすべての場面で、「仮説を立てた上で効率的に情報を集める」ことを心がけているかどうかで、フェルミ推定の習熟度に差が出てきます。何年かのちには、「初心者Aさん」と「上級者Cさん」は、業績の上で圧倒的な差がついていることでしょう。

第6章

増補新章

「地頭力」のその後

最後の本章は、増補新装版刊行に際して、オリジナル版の発行時点の２００８年6月からの世の中や著者自身の著作活動の変化によって、オリジナル版に変更を加えるべき点をまとめたものです。

「増補新装版まえがき」でも触れました通り、増補新装版の基本方針として、オリジナル版は当時の執筆意図と具体例等の一貫性を重視して極力変更を少なくし、その代わりに全体の初めと終わりに補足を加えるという形にしていますので、本章がその補足の章になります。内容的にこの約15年の変化として、**①「地頭力」や「フェルミ推定」の浸透度合い、②地頭力のフレームワークの進化、③「具体と抽象」の概念の浸透、④ＶＵＣＡの時代におけるフェルミ推定の重要性の変化**という4つのポイントから論じたいと思います。

「地頭力」と「フェルミ推定」の浸透度

まずはオリジナル版の「まえがき」に触れた、「地頭力」という言葉や「フェルミ推定」という言葉がその後ビジネス界を中心として世の中にどのように浸透したかですが、その目安としてGoogle Trendsの推移を見てみましょう。上記で触れた『地頭力を鍛える』（２００７年刊）の発刊後の「地頭力」「フェルミ推定」という言葉の検索数の動きを見てみると、図50にあるようなトレンドを示しています。これはピーク時を１００とした時の検索頻度を、時系列で相対比較したものです（縦線3本はシステム改善が実施された日を示す）。この15年でインターネット上の情報量

図50　キーワード検索数の推移

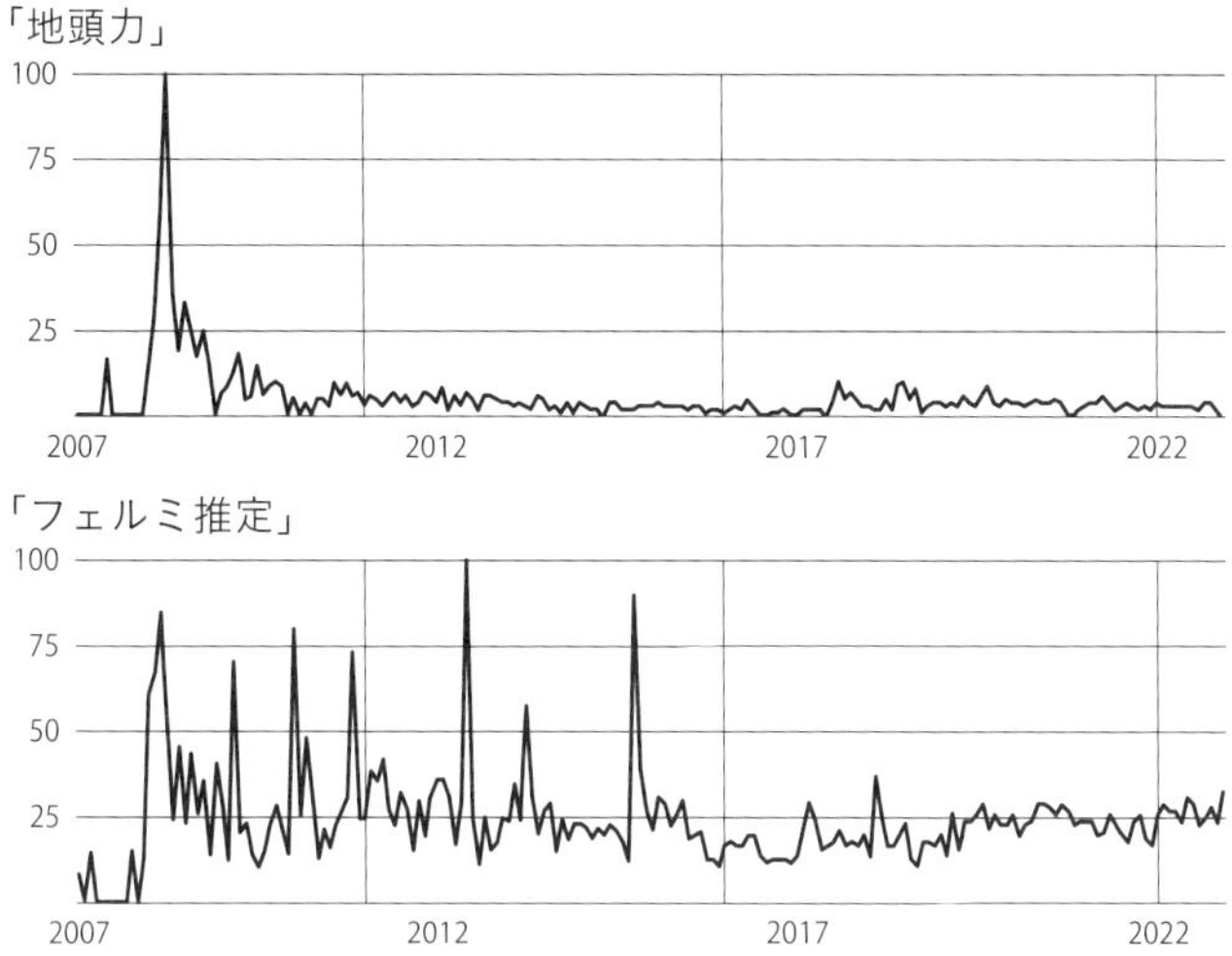

Google Trends 検索結果（2007年1月1日〜2022年12月8日）より作成

も検索機能の使われ方も大きく変化したり、Google Trendsの機能自体も改善が加えられたりしていますので、あくまでも「一つの参考として」という位置づけですが、ここから読み取れるであろうことを見てみましょう。

まずは「地頭力」ですが、（オリジナル版のまえがきの冒頭で記した通り）『地頭力を鍛える』が刊行された２００７年12月から一気に検索数が立ち上がり、その後数ヵ月でピークを迎えています。これがまさに本書のオリジナル版が刊行された翌２００８年6月頃だったことになります。その後はこの時ほどの瞬間風速はないものの、この言葉が折に触れて検索をされる言葉になっていることがわかります。

続いて「フェルミ推定」に関してですが、

こちらも同様の立ち上がりが見られますが、その後ピークが何度も見られ（就活関連の文脈で取り上げられたり、それに関連するネット記事がバズった等の原因が考えられます）、その後は明らかに一定数が常に検索されるキーワードとなっていることがわかります。

このように、本書と『地頭力を鍛える』によって、ビジネス界に一定の影響を与えることができたのではないかというのがこのようなデータからも裏付けることができるかと思います。

奇しくも２００７年はiPhoneの発売年で、いわば「スマホ元年」として記録に残る年ともいえるでしょう。その後の15年間はスマホ革命とともにあったことは「増補新装版まえがき」でも記した通りですが、スマホというのはビジネスのデジタル化や発信の民主化等の大変革を象徴的に示したものであり、ＶＵＣＡの時代の変化の象徴ともいえます。このような時代の変化も「考えること」の重要性が浸透していった強力な背景としてあげられるかと思います。

つづいて、この15年における本書の内容に関する変化を3点見ていきましょう。私自身としても著者としてこの間に約30冊の著作を出したり様々な業界の企業への研修などを通じて、地頭力と定義した思考力の構成要素やそれらの関係性モデルに修正を加えてきました。もちろんコアとなるものに関してはオリジナルの時点と何ら変わるものではありませんが、一部の表現方法が変わったり、その説明の仕方も進化したりしてきました。

ではそれらを一つずつ見ていきましょう。

図51 地頭力の構造図

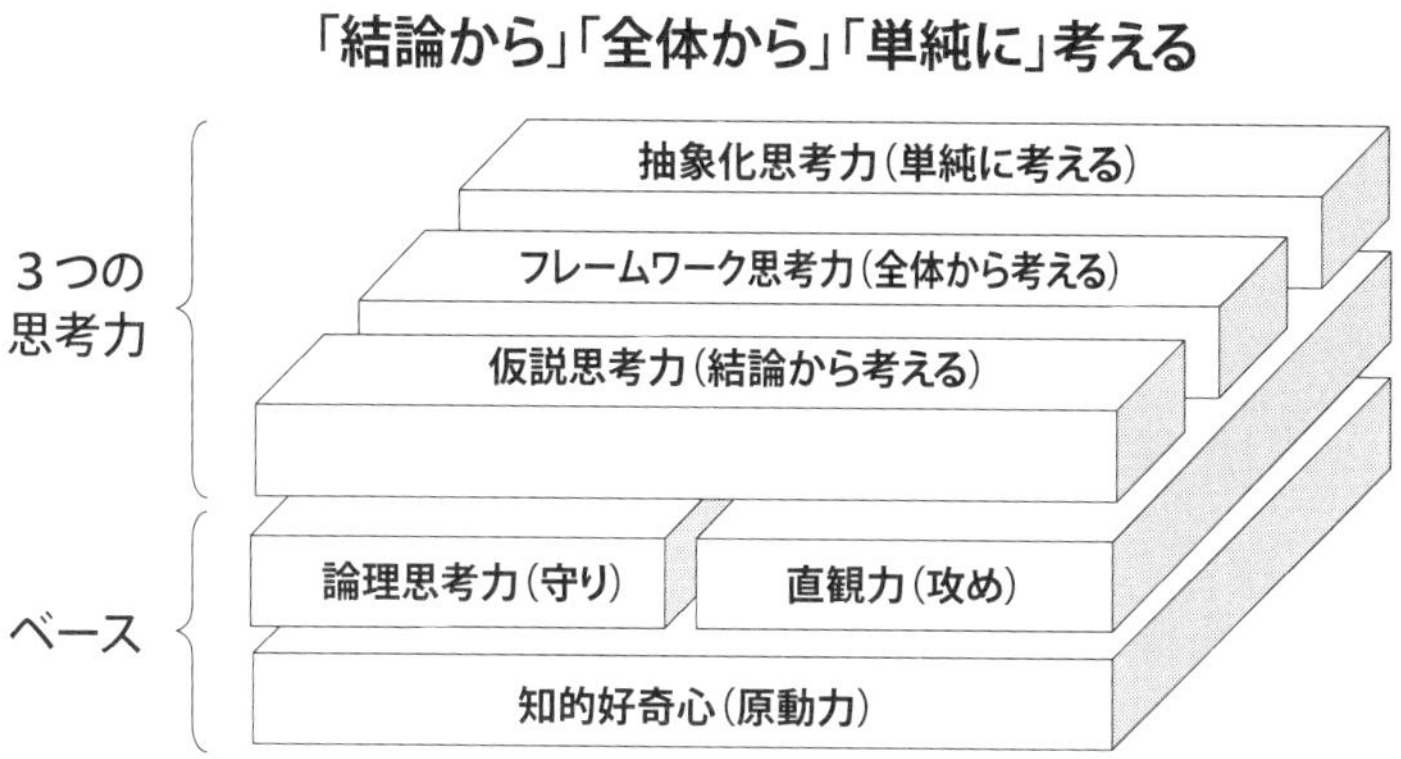

「地頭力モデル」の変化

まずは本書に登場した「地頭力の積み木＝ブロック」の変化を見ていきましょう。図51が、第2章でも紹介した地頭力の構造図です。

詳細の解説は本文中にありますので、ここでは省略しますが、このモデルでも多少違和感があったのが最上位のいわば「アプリケーション層」です。地頭力のエッセンスを伝えるために「結論から」「全体から」「単純に」と単純化したキーメッセージですが、この層だけは本書でいう「ＭＥＣＥ」ではありませんでした（これはある意味「確信犯」でした）。

もう一つの「違和感」は、これら○○思考力のうち、抽象化思考力だけが少しレベルが違う（抽象度が高い）ことでした。つまり、仮説思考力やフレームワーク思考力に比べて汎用性も高いという特徴がありました。

これらの課題を考慮して組みなおしたモデルが図52で表現したものです。

まずは、「抽象化思考力」を思考力の基本動作として「具体と抽象」という形で下から2番目の層に追加しました。「具体と抽象の往復」というのは、論理思考力にも直観力にも共通する私たちの知的能力の基本中の基本ともいえるものです（この「具体と抽象」のエッセンスについてはこの後の項で解説します）。

そして最上位のアプリケーション層である「〇〇思考力」のレイヤーでは、抽象化思考力のアプリケーションとしてのアナロジー思考力を入れ、さらに仮説・フレームワーク思考力と合わせたこれらの思考力はMECEでないことを表現するために間に「…」を入れています。ここには世の中で様々な形で表現されている「××思考力」が入ってくることになります。

「具体と抽象」のエッセンス

オリジナル版での「抽象化思考力」と表現していた部分のコアとなるのが**「具体と抽象の往復」**です。この詳細については『具体と抽象』（dZERO：2014年）や『具体⇔抽象トレーニング』（PHPビジネス新書：2020年）などの著作活動を通じて発信を続けてきました。

図52　アップデート版・地頭力の構造図

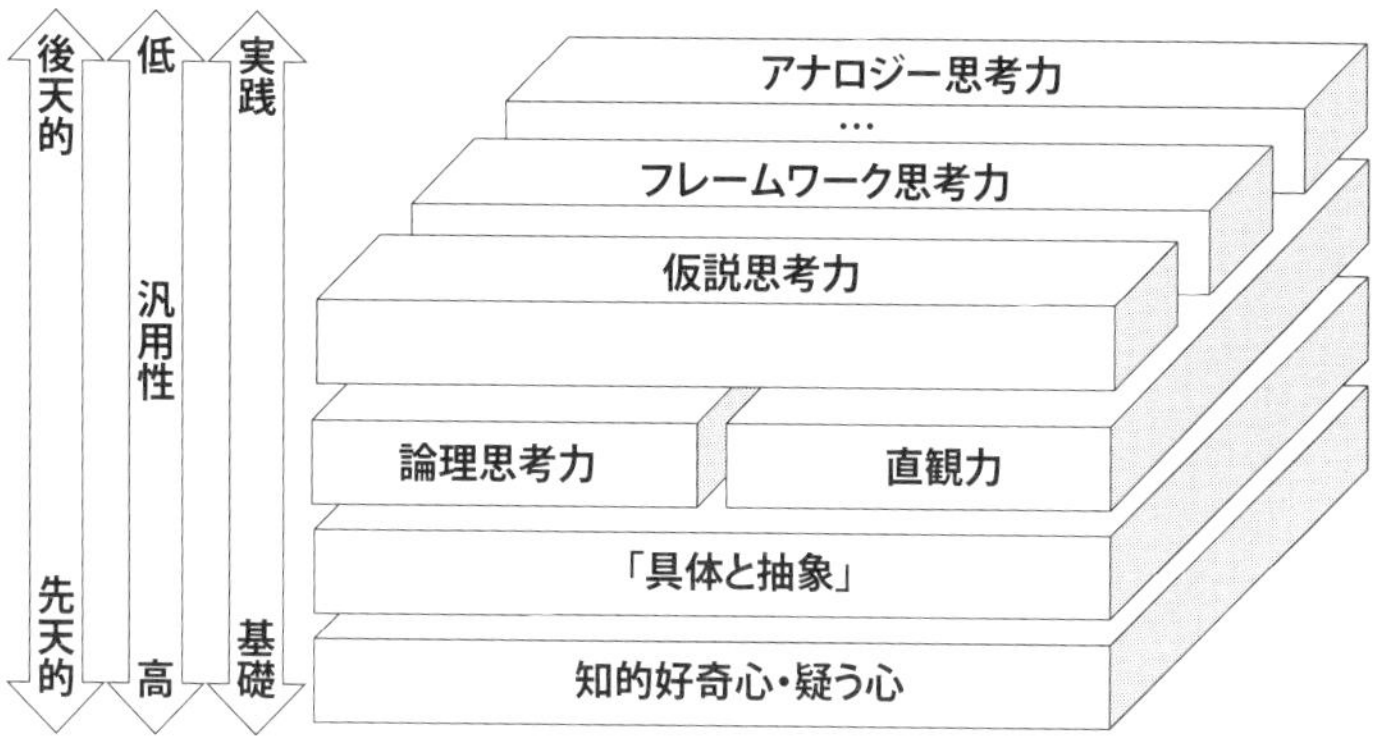

ビジネス書として考えれば稀有ともいえる抽象的なタイトルの『具体と抽象』ですが、ロングセラーとなって、その影響もあってか近年ビジネスパーソンの間でも「具体と抽象」という言葉が普通に聞かれるようになってきました。ここでは簡単にそのエッセンスをお伝えしたいと思います。

一般に「具体的」「抽象的」という言葉が職場や日常生活で最も頻繁に使われるのは以下のような場面かと思います。

・「イメージがわかないのでもう少し具体的に説明してください」
・「あの政治家の公約は抽象的だから実行される可能性は低い」
・「実行プランは抽象的だとリアリティがないから極力具体的に」

……

要は、具体的というのはわかりやすいとか実行されやすいという肯定的な文脈で、抽象的というのはわかりにくいとか実行されにくいといった否定的な文脈で用いられるのが多いということです。

もちろんこれらはある意味その通りであるといえるのですが、これらの言葉の一面しかとらえていません。具体的であることはわかりやすいというメリットがある半面で「範囲が狭く応用が利かない」というデメリットがあり、抽象的であるというのはわかりにくいというデメリットがある半面で、「広い範囲をとらえることで応用が利く」という大きなメリットもあり、これが本書のテーマである考える力と表裏一体の関係になっています。一つの事象を様々な領域に応用させ、たとえばアナロジーという形で新しい発想や想像力にどのように結び付けていくのかは本書の抽象化思考力の章で記述した通りです。

ここでは、オリジナル版になかった「具体と抽象」の表現方法としての**「具体抽象ピラミッド」**を紹介して具体と抽象についての理解を補足しておきたいと思います。

具体抽象ピラミッドというのは、図53のように具体と抽象の関係を模式的に示したものです。

これは第4章で「履物」を階層的に表現した173ページ・図37の「末広がり」の構造を単純化して、具体と抽象がどういう関係になっているか模式的に示したものです。

これによって、なぜ抽象→具体への変化によって裾野が広がる三角形→ピラミッド型になっ

図53 具体抽象ピラミッド

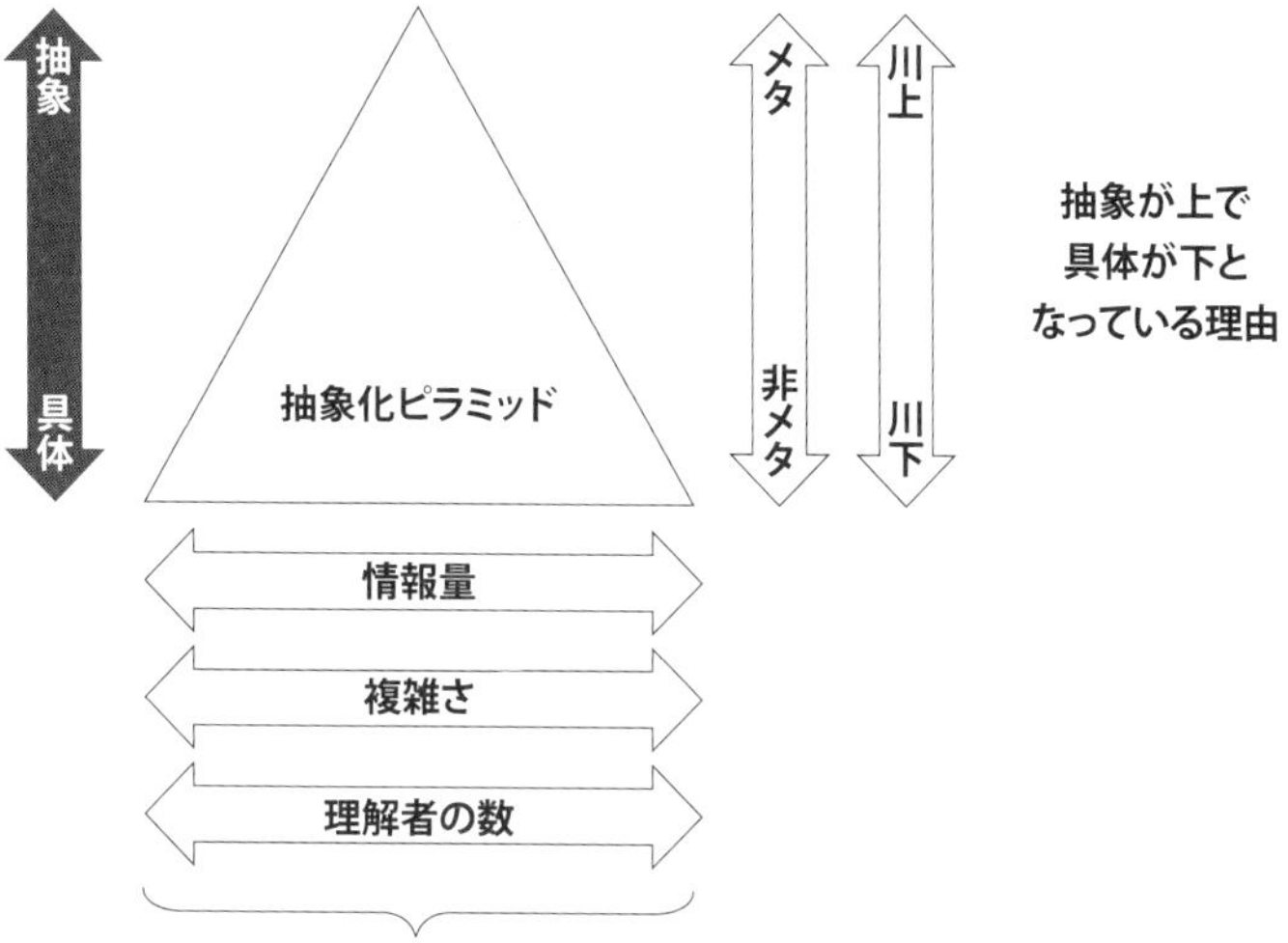

ているかをいくつかの側面から表現しています。まずは情報量が増えていくのは第4章の説明からも明らかでしょう。抽象化とは多くのものを「まとめて一つ」と表現することです。逆に具体とは一つ一つがすべて別々、つまり情報量はそれだけ増えていくことになります。

同様に、抽象化とは単純化することであるとすれば、逆向きの具体化は複雑化することにつながりますから、「複雑さ」は具体のほうが大きくなります。

さらには「理解者の数」というのは、具体的な事象がほとんどすべての人が五感によって認知し、理解できるのに対して、抽象度の高い事象ほど理解できる人の数が減っていくことを表します（たとえば高度に抽象化された高等数学を理解できる人はごく一部の限られた人になるというのがその典型例です)。

抽象化思考を語る上ではこのような具体と抽象の関係に存在する性質の違いを理解し、ピラミッド構造をイメージとして持っておくことは重要であるので、本章にてその補足をしておきます。

具体と抽象の関係でもう一つ補足しておくべき重要な点として**川上→川下**という関係があります。これを理解しておくと具体と抽象という概念を日常生活や仕事の場面で活用できるようになります。

私たちの日常の多くが「抽象から具体へ」という流れで成り立っています。たとえば旅行をする場合、まずは「のんびりしよう」とか「いままで行ったことがないところに行ってみよう」といったぼんやりとした目標から始まり、ではどこに行こう、どこに泊まろう、どんな交通機関を使おう、どこのサイトで予約しよう、決済はどうしよう……という形で話がどんどん具体化され、最後は家を何時に出てどこ駅で何時何分の電車に乗ろうという実際の行動レベルに具体化されていくといった流れです。

あるいはこれは人間の人生や会社などの組織の一生にもたとえることができます。

仕事で何かを作り上げたり実施したりするときも同じだと思います。イベントの実施しかり、製品の企画・生産・販売もしかり、建物やＩＴのシステムの構築もしかりです。もちろん旅行でいえば、「まず最初に行先が決まっている」といったように具体が先に来ることもあるかもしれませんが、多くの場合においては抽象から具体に話が進んで、最後は究極の具体ともいえる実際の行動につながるという流れは皆さんが経験済みのことかと思います。

このような構造を理解してしまえば、具体と抽象の特徴がこのような日常の流れのほとんどに同じように当てはまることがわかります。このような流れはよく川上と川下という川の流れにもたとえられますが、この川の流れというのは象徴的に抽象から具体への流れの多くの側面を表現しています。

このような川上から川下への流れにともなって、仕事や組織などの性質は変わっていきます。それは川上と川下に具体と抽象の違いからくる図54のような違いがあるからです。

個別の違いを説明すると、川上というのは抽象度が高く全体を見ることが必須であるのに対して、川下に行くと専門分化が進んで各々の境界線がひかれることで役割分担が明確になっていきます。

そこに必要な人の性質に関しても、川上は楽観的な姿勢がより求められるのに対して、仕上げの段階となる川下ではより悲観的に欠陥がないかをチェックしていく姿勢が必要になる場面が多くなっていきます。白紙に絵を描くのが必要な川上では能動的に自分から動く姿勢が必要であるのに対して、川下に行くと受動的な姿勢も必要になってきます。

このように、身の回りの事象の流れを抽象から具体への変換プロセスととらえることで、具体と抽象の違いという一般論を日常生活に当てはめていくことができるようになります。

このようなものの見方ができていないと、川上の話も川下の話もごちゃまぜにして、一人で全部やったほうがよいのか役割分担したほうがよいのか、あるいは楽観的がよいのか悲観的がよいのかといった「場合分けを度外視した不毛な議論」に時間を費やしてしまうことになります。

世の中の多くの「どちらが正しいのか」という問題は、「それはどのような場面を想定しているのか」の前提が抜け落ちた意味のない議論であることに、このような視点を持てると気づくことができるのです。これが「具体と抽象」という視点を持つことによる大きなメリットであり、これによって日常頻繁に起こっているコミュニケーションギャップのメカニズムを理解することができるでしょう。

フェルミ推定の意義の変化

オリジナル版からの変化として最後にあげるのが、フェルミ推定のビジネスにおける応用範囲の拡大についてです。当初、本書や『地頭力を鍛える』でフェルミ推定を紹介し、解説した際にはフェルミ推定は思考力全般のトレーニングに役に立つという形での紹介の仕方でしたが、その後ＶＵＣＡの時代を迎えるにあたって、さらにフェルミ推定が役に立つ場面が増えてきて

図54　川上(抽象)と川下(具体)の関係

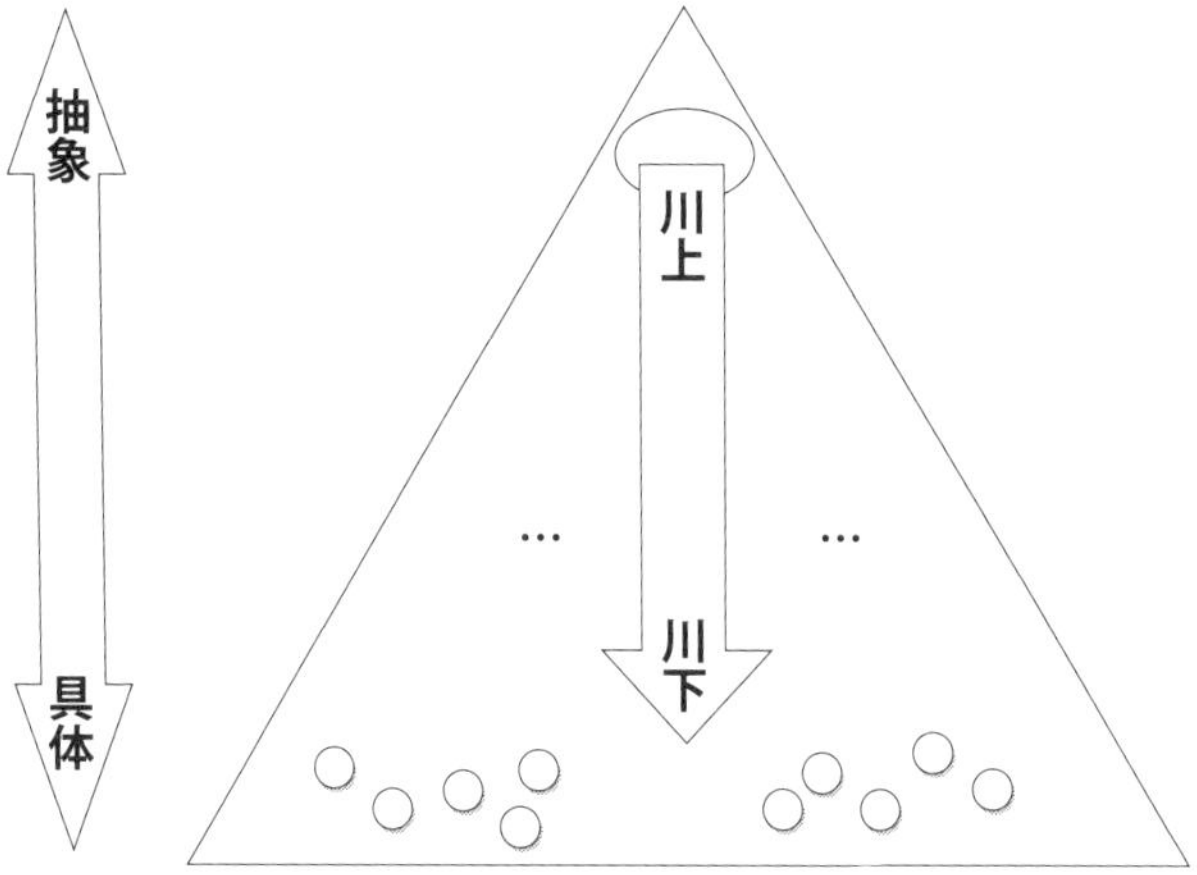

川上(抽象度高)	⇔	川下(抽象度低)
全体	⇔	部分
境界なし	⇔	境界あり
少人数	⇔	多人数
原則	⇔	例外
楽観的	⇔	悲観的
能動的	⇔	受動的

います。

そのうちの典型的な使い方が**「思考のプロトタイピング」**というものです。プロトタイピング（試作）というのは、たとえば自動車や電子機器などにおいて、特に革新的な新製品を開発する場合に実現性の検証などに用いられる手法でしたが、これを思考の世界に持ちこむことで、近年ブームになったデザイン思考においても、その骨格となる構成要素の一つにこのプロトタイピングが用いられています。

ではなぜこのようなプロトタイピングの考え方がＶＵＣＡの時代にフィットするのでしょうか？　そのためにまずはプロトタイプ（試作品）を完成品と対比させて考えてみることにしましょう。図55を見てください。

まずは完成品とプロトタイプの違いについて定義しておきましょう。完成品とは、たとえばメーカーでいえば顧客に納入する状態のものをいいます。つまりメーカーとしては売り物のレベルをクリアした状態の理想的には（当初の目標製品仕様に対しての）「１００点のもの」ということになります。

対してプロトタイプというのは直接顧客に納入するものではなく、むしろ内部での検討用のもので、主に完成品に向けての課題や改善項目をリストアップするためのものと言えます。このような違いが、両者に対する必要な取り組みの姿勢の違いとなって表れてくるのです。

各々の違いの概要を見ておくと、完成品というのは完成度を上げることが目的であり、作り

図55　完成品とプロトタイプ

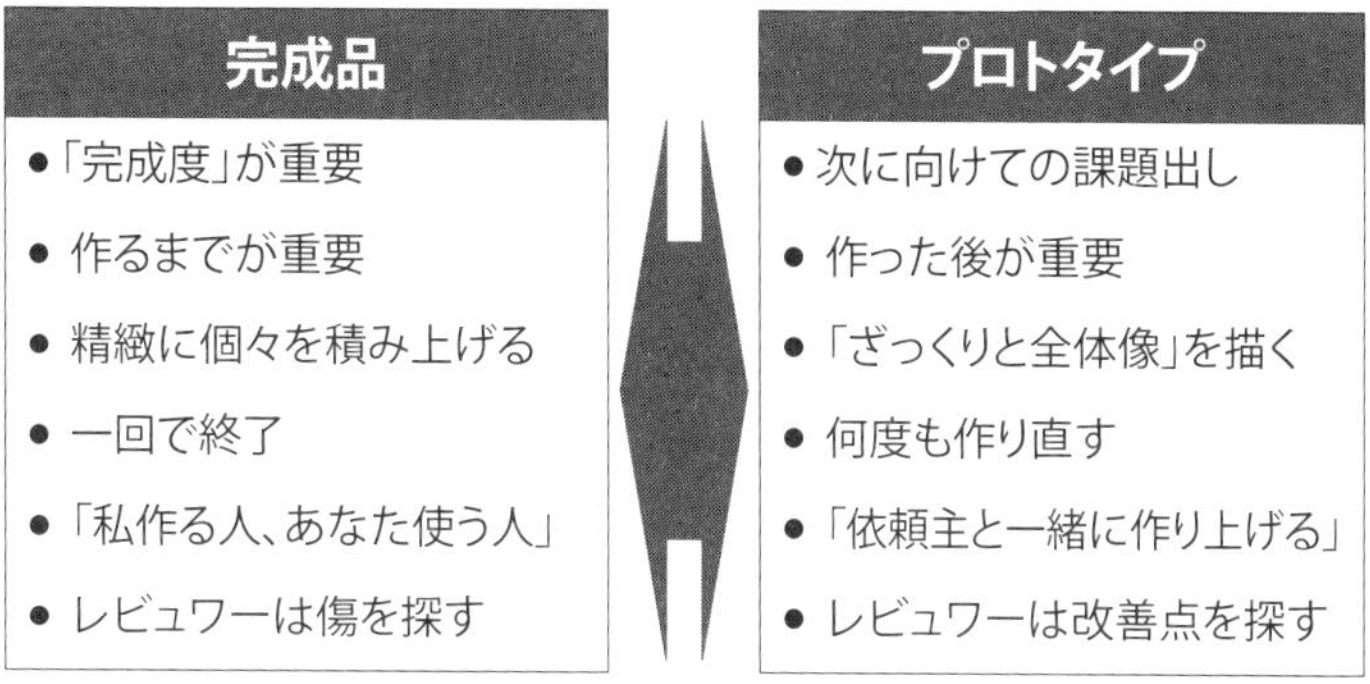

上げることが目的で精緻に個々の構成部品を作り上げて一回でプロセスを完了させるのに対して、プロトタイプというのは、あくまでも何度も作り直しながら完成度を上げるための一つの過程でしかないので、その目的は次に向けていかに課題をあぶりだすかということであり、そのためには個々を精緻に作り上げるというよりは「ざっくりと全体像を作り上げる」ことが重要になります。このためにプロトタイプは１００点を目指すというよりは20点や30点でもよいから全体像を作り上げる必要があります（このあたりは第2章の仮説思考の考え方とも合致します）。

　このように「一つのプロセスを完結させて次のプロセスに移る」という順次的なプロセスが有効な完成品型の進め方に対して、プロトタイプは「とにかく出来が悪くても全体を作り上げてからその精度を徐々に上げていく」というらせん型のプロセスが重要になります。

ここでいう完成品型のやり方は日本が20世紀に得意としていた製造業の仕事の仕方に非常にマッチしており、ある意味几帳面に製品を完成させていくのが得意な日本人の気質とも合致したことが当時の製造業の奇跡的な躍進にもつながったといえます。

ところが時代が変化してデジタル&VUCAの時代になり、変化の速度が飛躍的に増大するとともに簡単に試作ができるようになった（デジタルなので）という時代の変化は、最適な仕事の進め方にも影響を与えました。このような時代には試行錯誤型でスピーディーに試作を繰り返していくプロトタイプ型の仕事の進め方が変化に迅速に対応できるのです[23]。


このような状況であるにもかかわらず製造業の成功体験から抜けられないまま完成品型の仕事の進め方に染まってしまっている人がプロトタイプ型に思考回路を転換するために、フェルミ推定は有効性を発揮するのです。本書の第2章や第5章で仮説思考やフェルミ推定に関して語ったように、「ざっくりと全体像を作り上げる」というフェルミ推定の特徴がこのような「思考のプロトタイプ」を作り上げるのとマッチするからです。

ここでいう「思考のプロトタイプ」というのは、物理的な製品の試作品ではなく、たとえば新規事業の売上シミュレーションを頭の中でやってみるとか、新しいイベントの企画をわかる範囲で作ってみるといった物理的なものではないアイデアなどに関して「ざっくりと全体像を描く」ことを意味しています。フェルミ推定とプロトタイプの類似性に関しては第2章や第5章を読んだ読者であれば、そのイメージをつかんでもらえるのではないかと思います。このような観点からＶＵＣＡの時代にはますます「フェルミ推定的な」考え方やプロセスが重要になってくることがおわかりいただけたかと思います。

そんな状況も反映してか、２００７年の時点では、日本国内はもとより英語版の書籍においてもフェルミ推定を丸々一冊扱った書籍はおそらくほとんどなかったと思いますが、いまでは双方ともにいくつかの書籍も出版されています。

このように、フェルミ推定は思考力を鍛え、実践するためのツールとしては依然として強力であり、特に精緻な計算をしないと気が済まない完璧主義者が「ざっくりと全体像を描く」ことが必要になる場面などにおいては絶大な力を発揮します。

その点においては本書で解説されているフェルミ推定の活用の仕方に関しても上記を考慮の上活用してもらえれば、過ぎた年月による陳腐化が何らあるわけではありませんので、ぜひ十分に読み込んでもらえればと思います。

23　これはＩＴの開発の世界ではなじみの深い「アジャイル開発」という方法論につながるものです。高い精度を求められる企業の基幹システム等の開発で用いられてきた「ウォーターフォール型」の開発と対をなすものです。

第7章

付録

地頭力を鍛える
10のキーワード

最後に増補新装版として、本書に登場した
キーワード10をピックアップして紹介します。
読了後の確認及びまとめ用として、
あるいは先にこちらを見てもらってから、
興味がある部分の本文を
改めて詳しく読んでもらってもよいかと思います。
読者の興味や理解度に応じてご活用下さい。

地頭力

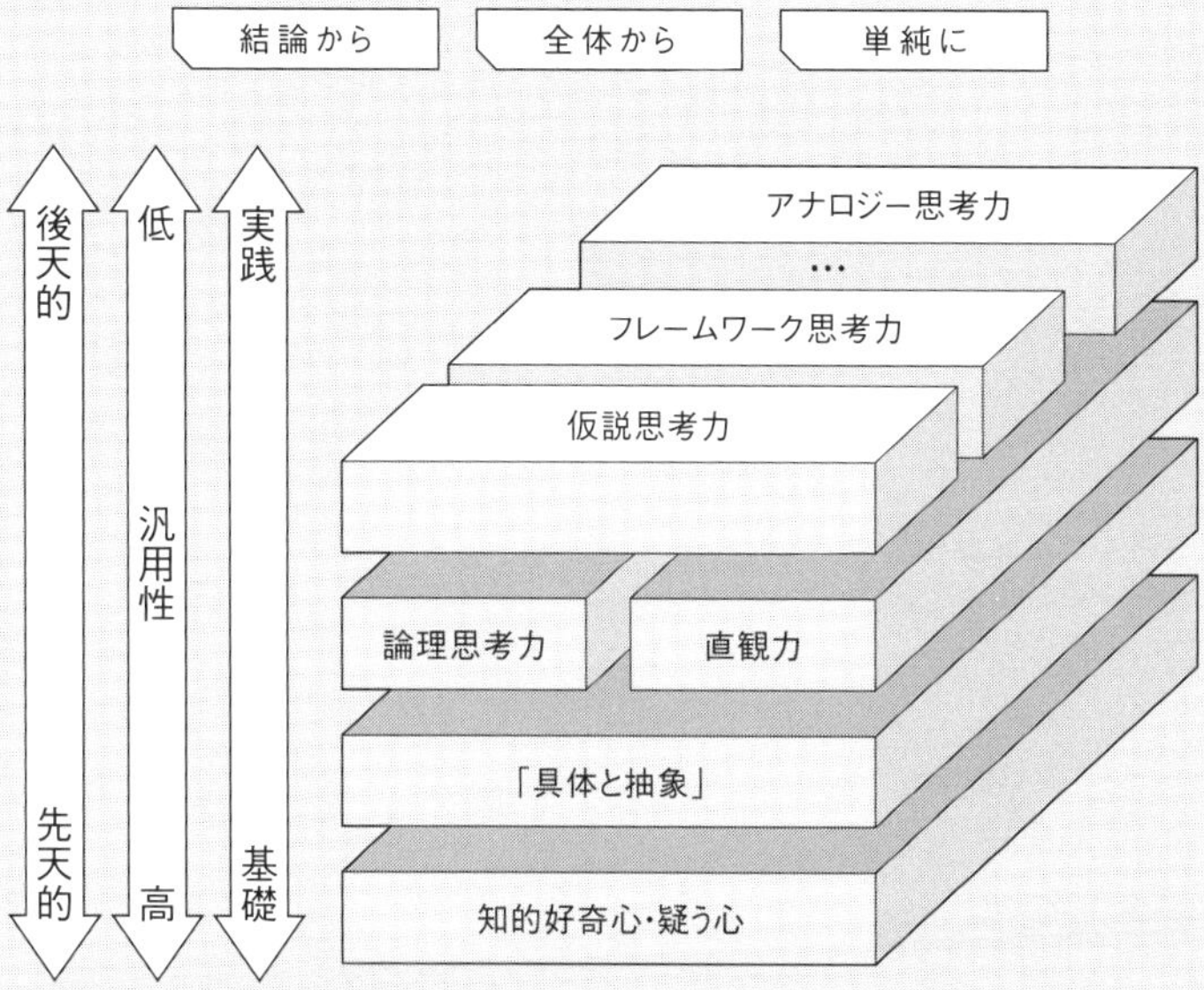

結論から、全体から、単純に

「結論から（仮説思考力）」「全体から（フレームワーク思考力）」「単純に（抽象化思考力・アナロジー思考力）」の3つの要素から成り立つ。知識量という観点ではAIの優位性は圧倒的になっているが、自ら能動的に考え、問題そのものを発見・定義し、解決していく「地頭力」はさらに重要性を増しているといえる。（→p41, p225）

こんな場面で

ビジネスにも人間関係にも、
VUCAの時代を生き抜く上で不可欠になる考え方

仮説思考力

結論から　全体から　単純に

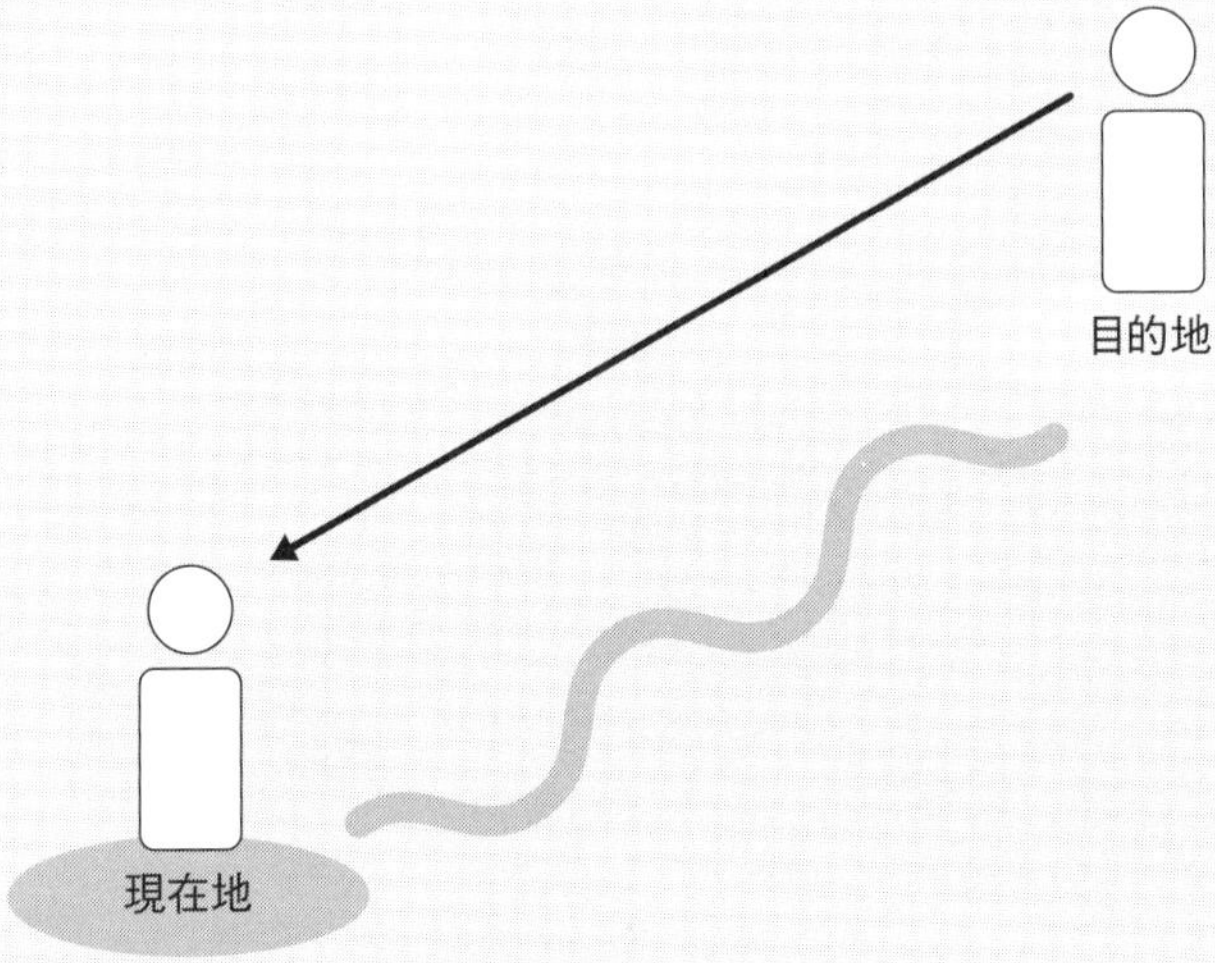

精度が低くてもOK
結論から先に考える

地頭力を支える3つの思考力の1つ。いまある情報での最善の結論（仮説）を想定し、情報の精度を上げながらその仮説を修正、最終結論に至る思考プロセスのこと。最終目的地（結論）にいる「もうひとりの自分」に「いまの自分」を最も効率的に引き寄せてもらうイメージ。新規事業や製品開発など、不確実性の高い状況で特に有効なアプローチである。（→p86）

こんな場面で

新しいプロジェクトをはじめるときに
「いま手を付けること」ではなく「最終報告」から考えてみよう

フレームワーク思考力

結論から　全体から　単純に

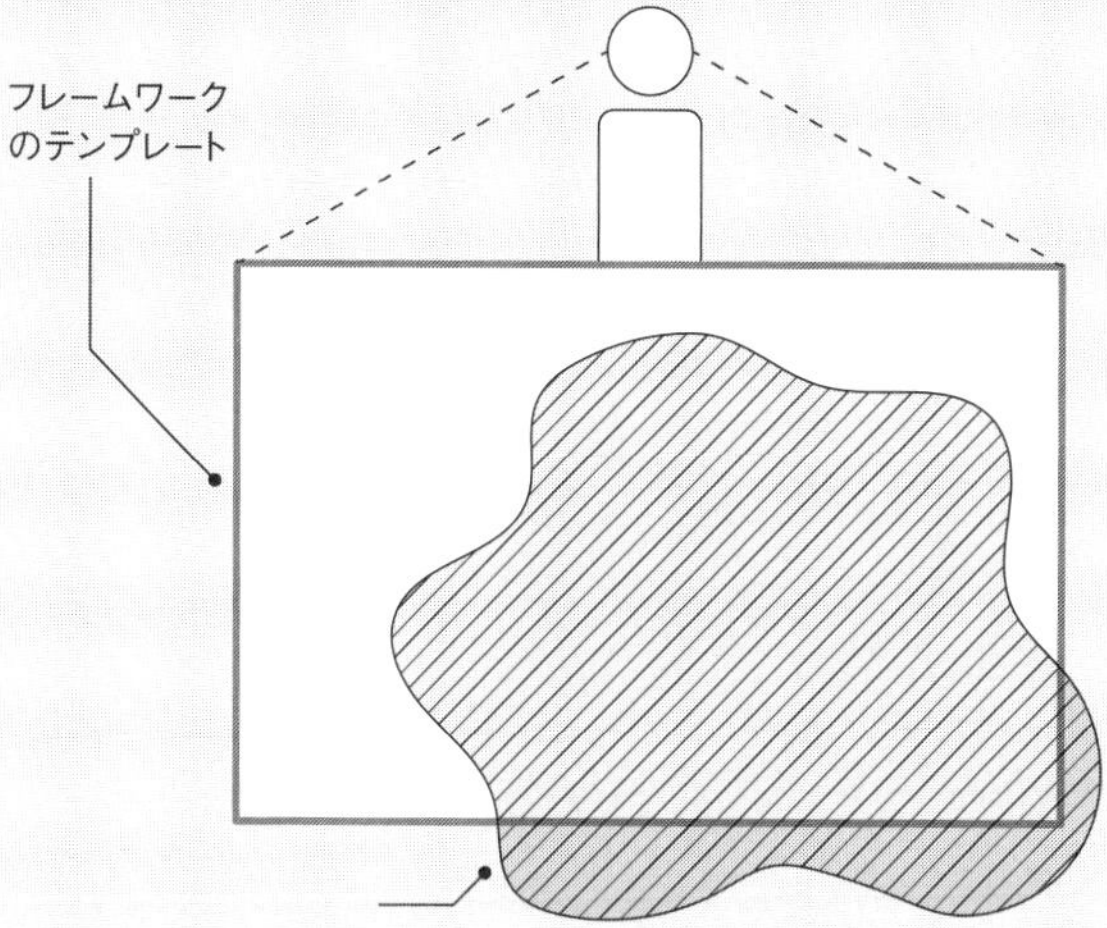

迷ったら「型」をつかって
全体から考える

地頭力を支える3つの思考力の1つ。先入観や思考のクセをなくすため、「全体から考えてみる」思考法。高い上空に幽体離脱したもうひとりの自分がいて、世界全体を見ているイメージ。上空から地図を見るように、客観的かつ全体視点で眺めてから問題解決に着手する。5W1H、3C、MECEなど様々なフレームワークや概念を用いることで「全体をおさえる」「分類する」ことが容易にできる。（→p123）

こんな場面で

**長年同じ会社や業界にいて思考がワンパターン化していると感じたら、
型を使って客観視してみよう**

抽象化思考力

結論から　全体から　単純に

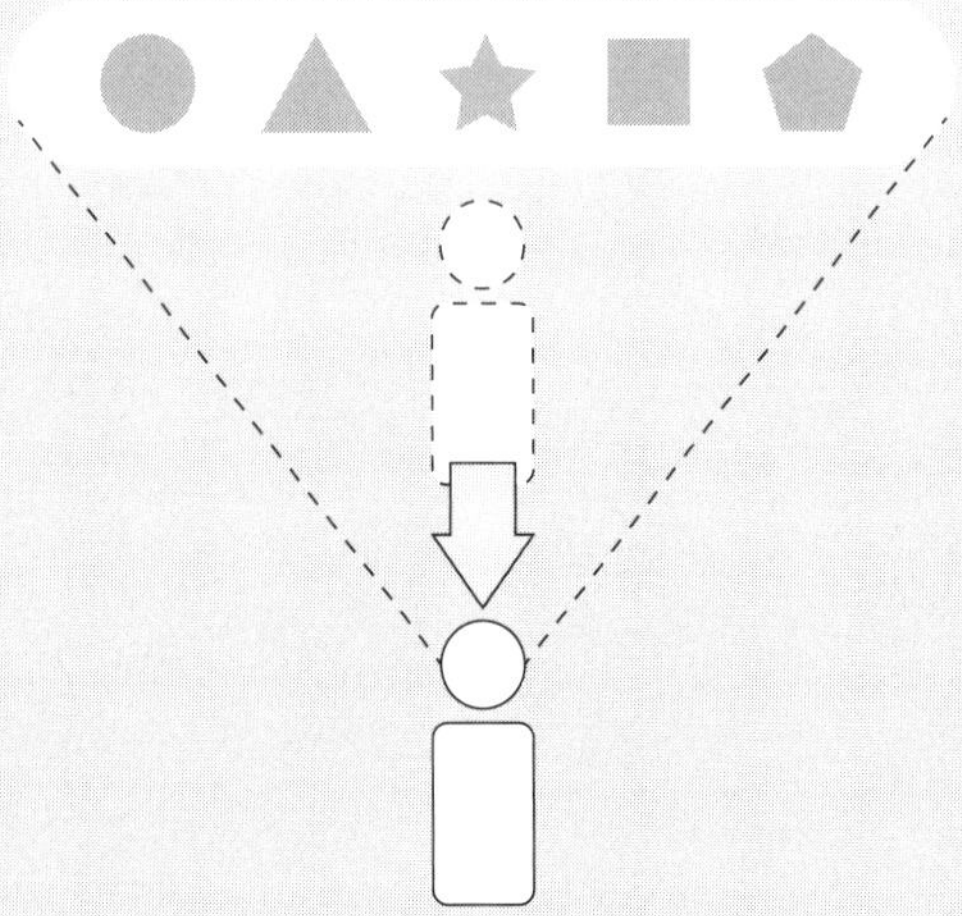

個別具体のものは一般化して考える

地頭力を支える3つの思考力の1つ。ある目的に従って、物事の「本当に重要な特徴だけ」を取り出して考えること。対象物から「離れて」考えるイメージ。対象物に近づきすぎて瑣末なものにこだわる（具体的に考えてしまう）と応用が利かなくなる。個別具体の複数の事柄をまとめてグルーピングすることで、別々のことを「同じもの」として扱うことができ、共通の特徴を持つ他分野にも応用範囲を広げることができる。（→p171）

こんな場面で

瑣末な話題にとらわれて議論が方向を見失ったら、一度話題を大胆に単純化・抽象化して考えてみよう

WHY型思考（カタチとココロ）

結論から　全体から　単純に

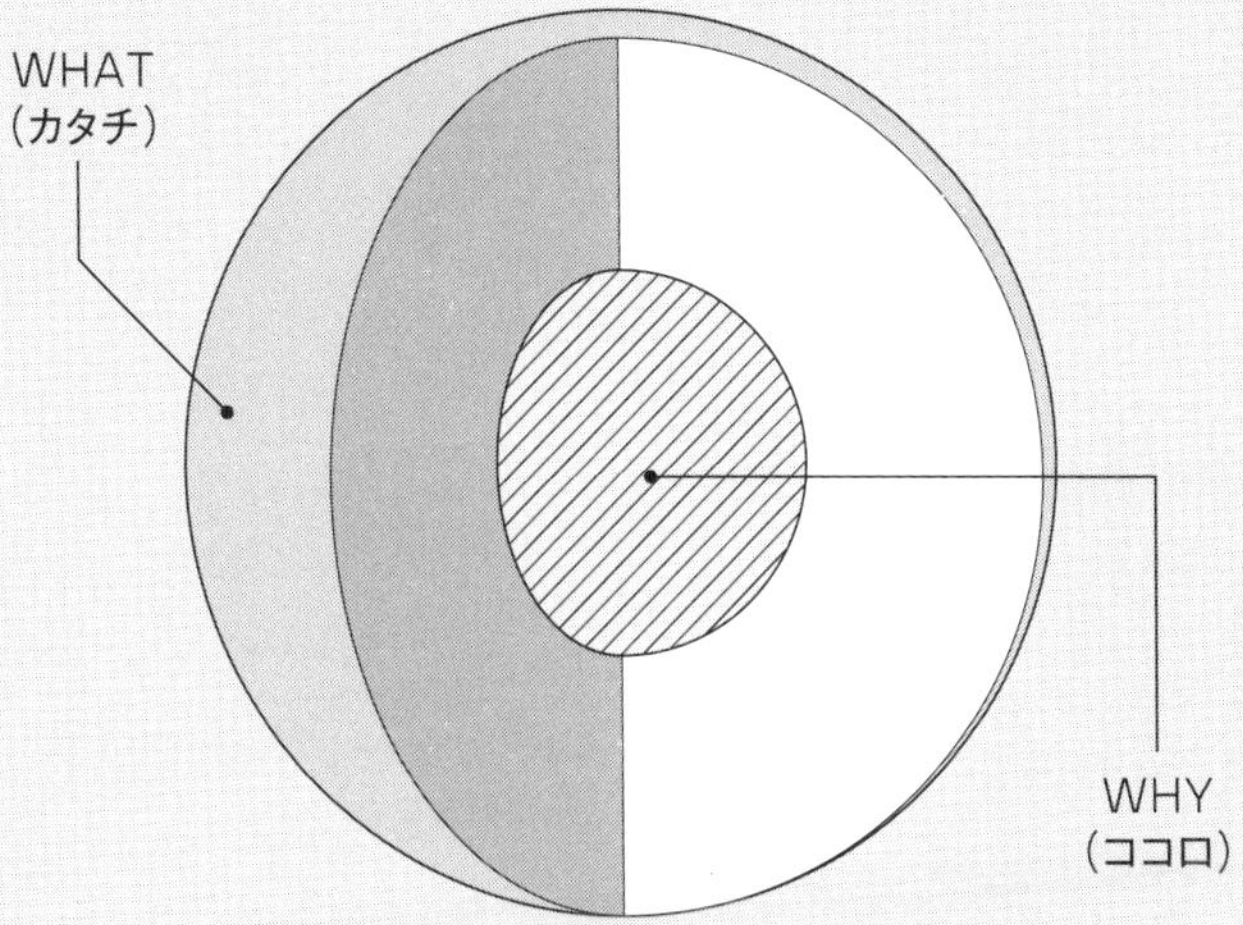

見えているのは氷山の一角
その先の本質（ココロ）をつかむ

表面的に見えている事象（カタチ）ではなく、その向こうにある本質（ココロ）から考える。たとえば、上司の言うことがコロコロ変わっていると思えても、相手の中では首尾一貫していることは多い。表面上のWhatではなく深層にあるWhyを考えることで、一手先を読むクセがつけられる。（→p102）

こんな場面で

日常のありとあらゆるものに対して
「なぜ?」と問いかけてみよう

3つの座標系（Me座標、You座標、絶対座標）

結論から　全体から　単純に

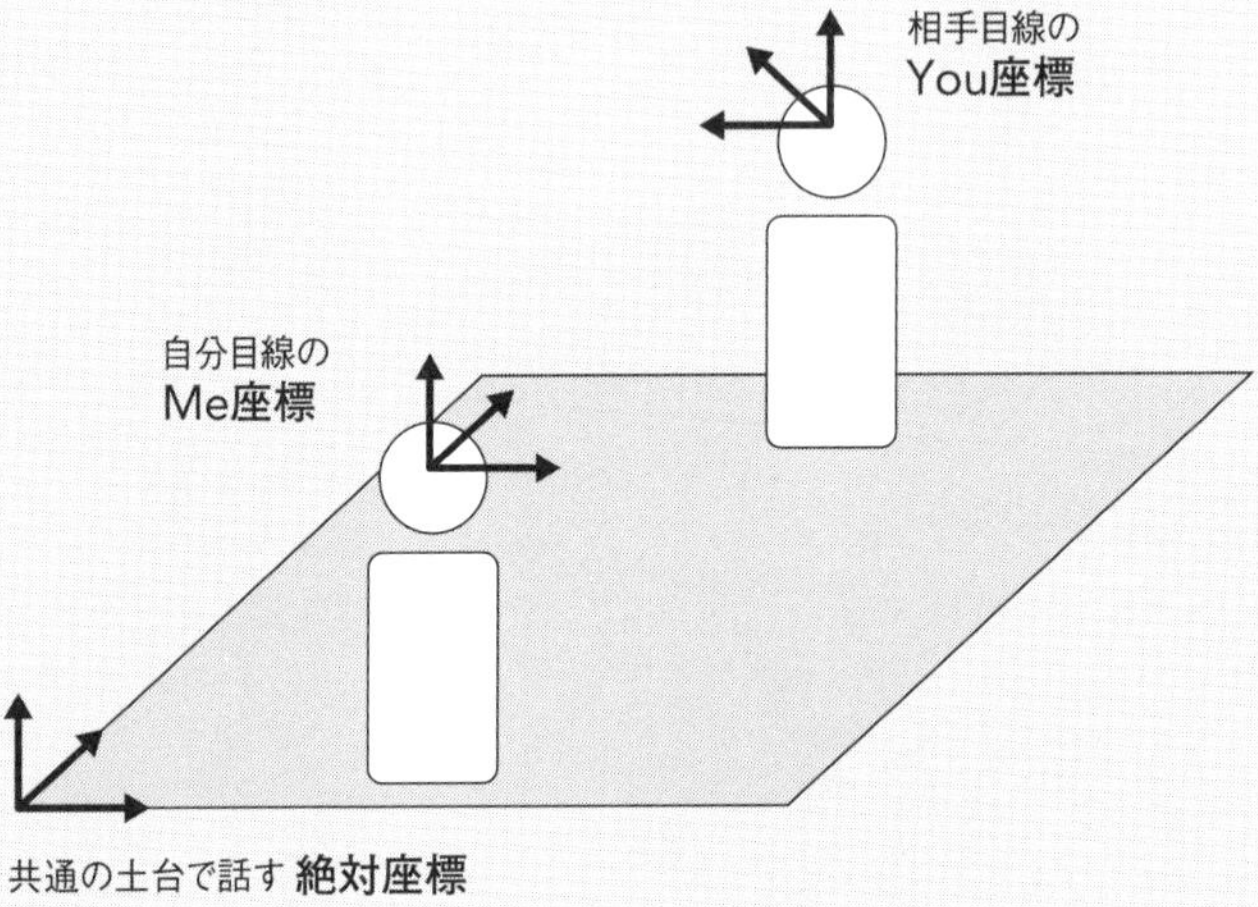

自分語りか、相手の立場か、誰もがわかる土台で話すか？

コミュニケーションを取るときの３つの座標で、自分中心で話を進める「Me座標」、相手にあわせて話す「You座標」、全員共通の土台の上で話す「絶対座標」。Me座標で話す人はリーダーシップで人をひきつけられる一方、独善的になる恐れがある。You座標は相手にとっては心地よいが、複数を相手に実践するのが難しい。絶対座標は共通のフレームワークを用いて誤解が少なく議論を進めることができる。（→p126）

こんな場面で

会話しているとき、自分はいま、どの座標で話しているのか考えてみよう

MECE

結論から　全体から　単純に

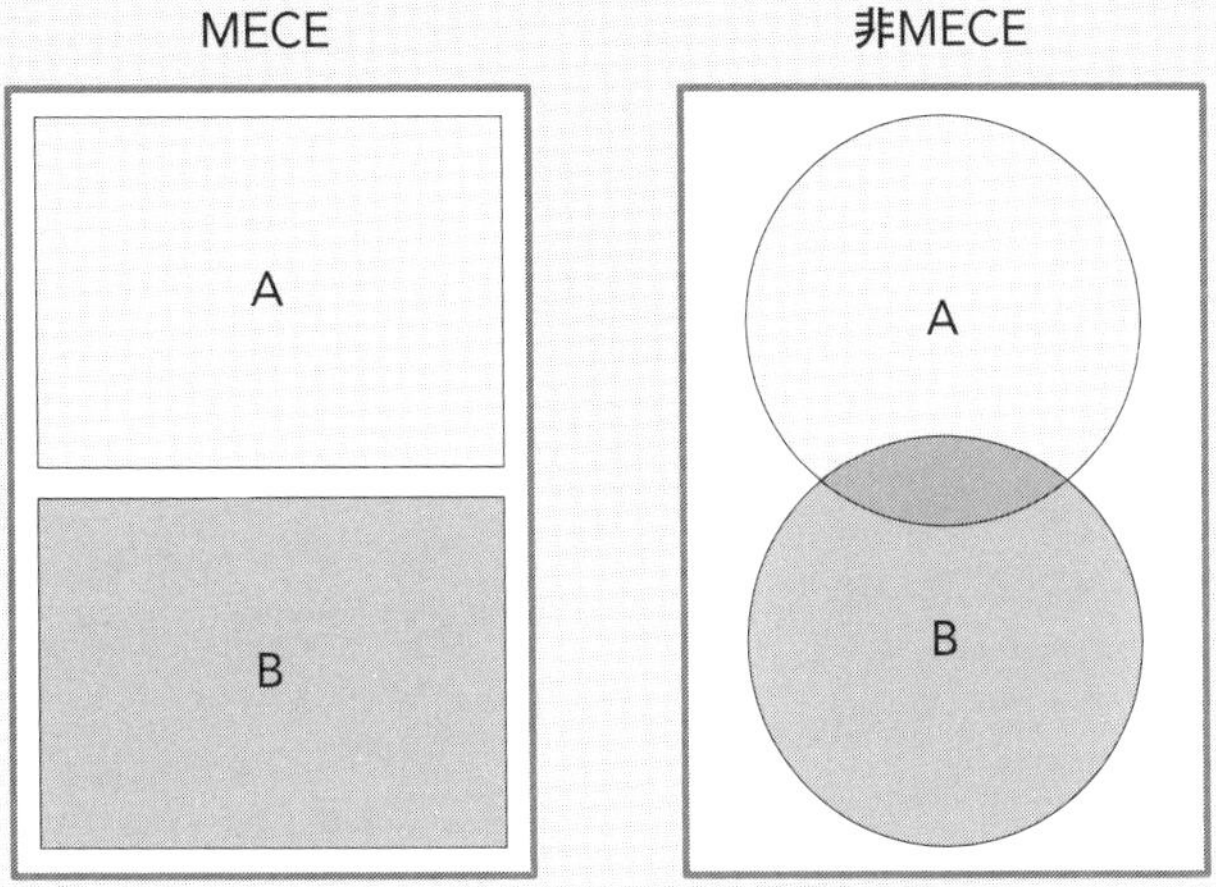

モレとダブりがない　　モレとダブりがある

モレなく、ダブりなく

ロジカルシンキングで必須概念の「モレなくダブりなく」考えること。既存のフレームワークが応用できない場合などに使える。全体を俯瞰したうえで、一定の軸に従って「箱」を用意して分類し、その際、同じレベルの項目は同じ粒度にすること（地域別の分類なら「都道府県」でまとめるなど）がポイント。MECEの概念が欠落すると、わかりにくくなったり、重複する項目や「その他」の分類が現れるなど煩雑なものとなる。（→p160）

こんな場面で

全体を網羅的に把握したいときはMECEの概念を使ってみよう

ロジックツリー

結論から　全体から　単純に

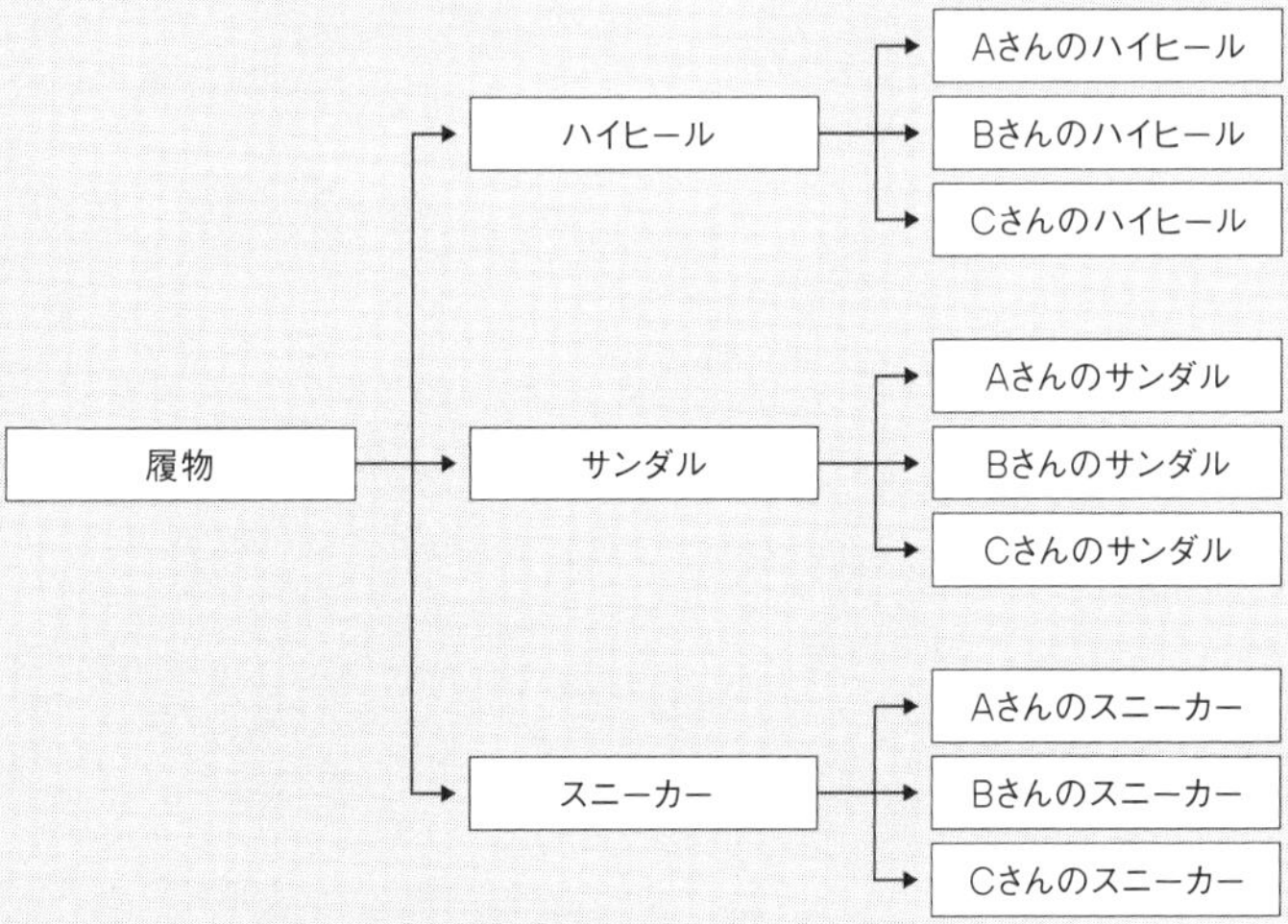

網羅的に全体像を
抽出する図解方法

全体像をツリー構造で、網羅的に、要素間の関連性を表現した図解方法で、フレームワーク思考の実践に有効な考え方。さまざまな課題に対して誰でも論理的に表現できるツールでもある。たとえば、上位概念に「結果」を置いて原因を細分化したり、目的から個別の手段を考えるなど、網羅的に全体像を抽出したいときに役立つ。(→p172)

こんな場面で

アイデアが先に進まない場合は、
ロジックツリーを作って課題を整理してみよう

モデル化(アナロジー思考)

結論から　全体から　単純に

	ビジネス	恋愛
共通点	相手に売り込む　心理戦や駆け引き　など	
相違点	集団プレー　など	個人プレー　など

共通点と相違点から大胆な仮説が生まれる

共通点と相違点を切り分ける考え方で、対象物の特徴を明確にできる。「ビジネスと恋愛」といった一見関係のなさそうな対象物を「遠くから離れて」一般化し、共通点・相違点を見出すことで、大胆な仮説や斬新なアイデアを生み出すことができる。(→p190)

こんな場面で

他の業界やビジネス以外の世界のことを
自分の業界、製品・サービスで応用できないか考えてみよう

フェルミ推定

結論から　全体から　単純に

アプローチ設定 → モデル分解 → 計算実行 → 現実性検証

ex. シカゴにピアノ調律師は何人いるか?

地頭力を一気に鍛える算出方法

「シカゴにピアノ調律師は何人いるか」「世界中にゴルフボールは何個あるか」など膨大な物理量を短時間で算出する問題のこと。正解に近い解答を算出することよりも、その解答に至った思考プロセスが重要。正確な数字を知らなくても「仮にこれぐらい」と仮定して概算することで、本書で述べてきた「結論から」「全体から」「単純に」考える地頭力を一気にトレーニングすることができる。(→p200)

こんな場面で

新規事業のシミュレーション、新製品のプロトタイプ作成などでフェルミ推定を使ってみよう

あとがき――「人間くささ」と地頭力

私は「離れて考える」という地頭力の根本思想を妨げるものを阻害求心力と呼びました。では阻害求心力をなくすことがすべての解決になるのでしょうか？

阻害求心力とは、他の動物にも機械にもない「人間くささ」そのものだと思います。仮説思考の項で紹介したカーナビの「トリアエズ28号」を思い出してください。確かに「彼」は寄り道はする、目的地を忘れる、はじめの考えに固執する、と阻害求心力の塊かもしれません。でも、ときにこんな「彼」と旅行するのはとっても楽しいことではないですか？

人間は機械ではありません。こんな「余計な」阻害求心力と「離れようとする」力のバランスが人間を人間たらしめているのではないでしょうか。

こんな話を考えてみました。読者のみなさんはどちらに一票入れますか？

「天の神様」は太古の昔に実験室で「完璧に動作する」人間を完成させていました。このあと神様は人間を地球に送りこむことになりますが、

A　大事なねじを一本「うっかり締め忘れた」まま地球に送ってしまった。

B　大事なねじを一本「わざと外して」から地球に送った。

本書の完成にあたって直接的・間接的にご支援くださったすべてのみなさまに感謝いたします。

本書の企画をいただき、完成までサポートしてくださった出版関係のみなさま、前著『地頭力を鍛える』へのフィードバックをくださった読者のみなさま、私のコンサルティングキャリアを支えてくださったクライアント企業のみなさま、本書の草稿に感想・コメントをくださったザカティーコンサルティングの同僚、そしていつも日常を支えてくれる家族。

本当にどうもありがとうございました。

細谷　功

本作品は小社より二〇〇八年六月に刊行された『いま、すぐはじめる地頭力』の増補新装版です。

細谷 功

ビジネスコンサルタント・著述家。神奈川県生まれ。株式会社東芝を経て、アーンスト&ヤング、キャップジェミニ、クニエ等の外資系／日系のグローバル・コンサルティングファームにて業務改革等のコンサルティングに従事した後独立。近年は問題解決や思考力に関する講演やセミナーを企業や各種団体、大学等に対して国内外で実施。著書に『地頭力を鍛える　問題解決に活かす「フェルミ推定」』（東洋経済新報社）、『具体と抽象』（dZERO）、『具体⇔抽象トレーニング』（PHPビジネス新書）などがある。

今《いま》すぐできて、一生役立《いっしょうやくだ》つ
地頭力《じあたまりょく》のはじめ方《かた》

2023年1月20日　第1刷発行

著者　細谷《ほそや》 功《いさお》
発行者　佐藤 靖
発行所　大和《だいわ》書房
東京都文京区関口1－33－4
電話　03－3203－4511

装幀・本文デザイン・図版作成（第7章）　三森健太（JUNGLE）
本文DTP　朝日メディアインターナショナル
校正　円水社
本文印刷所　厚徳社
カバー印刷所　歩プロセス
製本所　ナショナル製本

ISBN978-4-479-79773-9

http://www.daiwashobo.co.jp